Truth In Fantasy

魔術師の饗宴

山北篤と怪兵隊

新紀元社

まえがき

現在では、もはや幻想文学は一部の読者だけの物ではなくなりました。幻想文学がごく普通に読まれるようになるまでは、魔法について研究する者は、よほどの変わり者だと考えられていました。けれど、ファミコンブームやモダンファンタジーによって、今や誰もが魔法というものに馴染んできています。ただ、残念なことに、日本ではそれはファミコンゲームの呪文などとして受け入れられたため、西洋ファンタジーの核にある西洋の闇の部分を見落としているように思われます。

私達日本人は、西洋文明が充分発達して合理主義の衣をまとった後で、西洋文明に接したため、西洋文明＝合理主義と思ってしまいがちですが、とんでもない間違いです。どんな文明でもそうですが、西洋文明も、その内にどろどろとした非合理な情念を抱えています。

それは、ギリシア・ゲルマン・ケルトの神話群であり、ユダヤ・キリスト思想であり、そして多くの魔法使いの挿話です。そしてこれらを理解しないで、西洋を真に理解することはできないでしょう。

この本では、このうち、魔法使いにスポットを当ててみました。妖術使い、錬金術師、ドルイド…。彼らこそ、西洋非合理主義のそのまた闇の部分の代表者達といえるでしょう。

あの悪名高い魔女裁判は、いったい何者を捕まえて裁いているつもりでいたのでしょうか。錬金術師は、本当に金を合成しようとするためだけに、何千年もの年月を費やしたのでしょうか。ファンタジーといえば、必ず登場するのではないかと思われるルーン文字、そのルーン文字とは、一体どこの誰がどのように使ったのでしょうか。この本は、このような疑問に答えるために書かれました。

もちろん、東洋にも西洋非合理主義に対応する部分は多く存在します。いまや、東洋こそあらゆる神秘の源泉として、西洋からも注目されています。ブッディズム・タオ・ヨーガなど、その神秘の奥行は西洋のそれに、優るとも劣りません。できればこの東洋文明の神秘についてもいろいろと述べたいことはあるのですが、東洋は、また別の機会もあると思いますから、この本では一般に馴染みの少ない中国の神仙道と、日本の修験道の紹介のみとします。

今まで魔法は、「魔法」という、たった一つのことばで代表されてきました。しかし、世界には多くの魔法の体系があり、それはその魔法を生み出した文化・社会・宗教などに深いかかわりを持っています。そして、各民族の文化がそれぞれに異なり、多様な広がりを持っているのと同様に、魔法も多様で驚くほど相異なっています。私達は、「ゲルマン文化」や「中国文化」などすべてを、単に「文化」として扱うようなことを、魔法に対してやってきたのです。

皆さんの目の前にある魔法は、単なるゲームの「魔法」ではありません。一つの魔法があったならば、それはどの魔法の系統なのか？　「ルーン」でしょうか、「呪術」でしょうか、あなたには分るはずです。それと同時に、「その魔法を生み出した、いや生み出さざるをえなかった文化とはどんな文化なのか」という問いに答えることもできるでしょう。

この本を読んだ方々が、たとえばドルイドという名前から、その白いローブや彼らが隠れ住んだ森をわたる風の息吹き、ドルイドを守る戦士達の姿までを想像していただければ、それに優る成功はありません。

一九八九年二月

怪兵隊を代表して　山北篤

目次

一

呪術――Magic

呪術
Magic

呪術の歴史

呪術は太古の時代より存在する魔法です。人類が、ほかの動物より少し賢いだけの単なる動物であった時代から現在に至るまで、連綿と受け継がれてきた野性の知恵、自然とのつき合い方の集大成なのです。私達が知り得る考古学的に証明される呪術とはネアンデルタール人の時代、七、八万年前のものとなります。彼らが行った呪術とは、狩猟のための儀式で、熊の頭蓋骨をきれいに並べ、多くの獲物を獲られるように祈願したことです。こうしたことは、スイス、ドラッヘンロッホでの発見からも推察されています。そして、彼らに続くのが、それから四万年後のクロマニヨン人達です。彼らの時代になると、有名なアルタミラの洞窟壁画などに見られる、動物の壁画から呪術の形跡を見出すことができます。洞窟に描かれた動物達の姿は狩猟の成功を祈願したものであるといわれているからです。

す。また、彼らは、動物の面をつけ、儀式を行ったと思われる形跡も残しています。

こうした原始の人々が残したいくつかの証拠物件はいかに呪術が古くから存在したことかを証明する物としてよくあげられます。しかし、ここで述べた太古の例がすべての呪術を形成していったわけではありません。なぜなら、その後の呪術は、人が何かを果たす時に、それを成功させるために自らが働きかけ、自然の法則をねじ曲げてでも自らの目的を成就させようとする「念」を込めたものになっていくからです。ただ、そうした意味での日本語に「呪い」というものがあり、それは人に不運をもたらすためだけのことであって、それは呪術の持つある一面でしかありません。本来の呪術とはそうした「呪い」のような、人に害を与えるものではなく、成功を祈願することから始まり、成功を自らに招き寄せるための魔法の一環と考えるべきでしょう。

ネアンデルタール人やクロマニヨン人が行った呪術の後、人類の文明が発展するとさまざまな思想が生まれ、呪術に大きく影響を及ぼすようになります。そうした中で生まれたものがシャーマニズム[*1]です。これは、神がかり、占いや予言、呪い、治療を行う祭司、あるいは呪術師であるシャーマンを中心とした社会構成のことです。日本でシャーマンは「かんなぎ」、「みこ」などと呼び、少なからずもそれを受け継ぐ者達が存在します。シャーマン達が行う呪術とは集団的なもので、メソポタミア文明が開花した時代には、政治的な後押しと共に公的な地位を持ちます。バビロンやアッシリアでは祭司のことをアシプと呼び、エア[*二]とマルドゥク[*三]の従者として人々に意見を与えていました。エジプトにおいても呪術は公的なものとして扱われており、メソポタミアのような複雑な体系は持たないまでも、呪術は生活に密着した存在だったのです。

■現代に残る呪術

たとえば、テニスでサーブミスをした時、「このボールは縁起が悪い」といって新しいボールに取り代える事はありませんか。日本には、丑の刻参りと称する呪いがありますが、まさか、実際にした事などないでしょうね。もう少し下世話な話では、ゲームなどをしている時、都合の悪い目を出したサイコロを、「このサイコロはよくない」などといって、別のサイコロに代えることはありませんか。または、ゲームをする前にあらかじめいくつかのサイコロを振ってみて、「今日はこのサイコロがよさそうだ」といい目を出したサイコロを使ったりしませんか。今まであげた例に少しでも心当たりのある人、そんな人は知らず知らずのうちに呪術を使っているのです。

自分も呪術を使っていると聞いて驚かれた方もいるでしょう。このような考え方は、世界中、そう、ニューヨークのビジネスマンから、ニューギニアの原住民まで、あらゆる階層、あらゆる人種に普遍的な、全世界的に通用する思考法なのです。

そして、それらはすべて現代に残る呪術なのです。もはや、なぜそうなるのか、どういう関連からそれが導かれたのか、そんなことは知らない人が大半になってしまいました。誰も自分のしている事を呪術だとは認めませんし、本人も呪術を使っているつもりすらないのでしょう。けれども、呪術は、私たちの生活に完全に融け込んでしまっているのです。

呪術とは

■呪術の法則

ところで、多くの魔法体系が滅びた現代において、なぜ呪術だけが滅びもせず人々の生活に融け込んで残っているのでしょうか。それは簡単です。呪術の理念が普遍的なものだからです。万人の認め得る物だからです。どんなに精緻な理論体系であろうと、またどんなに強力な魔法体系であろうと、人間の本性や思考法に反する魔法は滅び去っていくのです。

それでは、呪術の理論とは一体どんなものなのでしょうか。錬金術や占星術などと異なり、呪術の理論はとても単純です。なんといっても、基本的法則は、たった一つしかありません。それは、共感の法則「接触したもの同士には、なんらかの相互作用（共感）がある」ということです。ですから、呪術のことを『金枝篇』では、共感呪術（Sympathetic Magic）と呼んでいます。そして、すべての呪術は、この法則の応用なのです。

基本法則の応用に、重要な事が二つあります。それをこれから、例を引きながら解説します。

まず、感染の理論です。「もの同士の接触は現在のものでなくてもよい」というのが、最初の応用です。つまり、「過去に接触していたり、一つのものであったりしたならば、現在は離れていても、互いに影響を及ぼし合う」という点です。きちんとしたいい方では、

感染の法則「以前一つのものであったもの、または互いに接触していたものは、別れた後でも神秘的な繋がりが存在する。よって、片方に起こった事は、他方にも影響を与える」

というものです。これを接触の法則または感染の法則といいます。友達の影響は、たとえ遠く離れてしまっても永らくその心に残っているでしょう。それと同じです。この理論を使った呪術を、共感呪術の中で、特に感染呪術（Contagious Magic）と呼びます。敵の髪

の毛や服などを焼くと（以前敵と一つのものであったものに起こった事）、敵自身も火にあぶられたかのように苦しむ（他方にも影響を与える）のが、この法則の典型的な応用でしょう。

次は、類似の法則です。「接触は、何も物理的な接触のみをいうのではない」というのがこちらの法則の大事な点です。それでは、物理的な接触でないならば、どんな接触があるのでしょうか。それは、数学や哲学でいう「意味空間」における接触です。「意味空間における接触」とは、似たもの同士の事をいいます。つまり、

類似の法則「似たものは似たものを生む」

ということです。これを類似の法則といい、この法則を使った呪術を、類感呪術（Homoeopathic Magic）または模倣呪術（Imitative Magic）といいます。

類似の法則は、感染の法則より応用範囲が広く、いくつか異なった呪術のパターンを作り出しました。まず始めは、

類似の法則の応用一「何かがある行動をすれば、似たものも同様の事をする」

というのです。この法則の使い方として、典型的なものに獲物寄せがあります。猟をしていて、鹿がさっぱり取れなくなったら、呪術師が鹿の毛皮を着て、鹿のまねをして跳ね回るのです。つまり、何か（呪術師）がある行動（村の近くで跳ね回る）をすれば、似たもの（この場合は鹿）も同様の事（やはり、村の近くで跳ね回る）をするのです。この法則のおかげで鹿がたくさん現れる事は請合いです。よく似ていますが、微妙に違う応用に、

類似の法則の応用二「何かに起こる事は、似たものにも起こる」

というのがあります。もう少し詳しく説明すると、

類似の法則の応用二「似たもの同士には、神秘的な繋がりがあって、片方に起こった事は、他方にも影響を与える」

ということです。敵の姿を人形で作って（敵とその人形が似たもの同士）、その人形を針で刺すと（片方に起こった事）、敵も針で刺されたように苦しむ（他方にも起こる）のが、この法則の典型的な応用です。

最後の応用として、

類似の法則の応用三「似たもの同士は、性質を共有する」というのがあります。

この法則は今までとは逆に、何かのまねをすれば、その結果として、まねをした相手の性質を、まねをした方も持つ事ができるのです。

ですから、顔にライオンの化粧をすると（ライオンに似ている）、ライオンのように強くなれる（ライオンの性質を持つ）という使い方があります。

■呪術における人間の意志

このほかにも、呪術には「意志呪術」というものがあります。これは望む事柄を何度も何度も強く願い、口に出したり、儀式を行ったりして引き起こすものです。それは人間の想念をエネルギーとしています。

現在でこそ「呪」という字には〝まじない〟と〝のろい〟の二つの意味がありますが、太古においてこれはそもそも同じものでした。共感呪術と意志呪術の間に明確な一つの線が引けるわけはなく、真の効果を願うならば、双方の結合が必要です。

たとえば呪殺を例にあげると（これがもっとも単純な呪術だからです）、人をたたり殺そうという〝想念〟が意志呪術にあたります。本来人間の〝想念〟には、はかりしれない力が秘められており、念の強い人なら取り憑いて人を殺すぐらいできないことではありません。しかしそれほど強くない場合、共感呪術の力を借りて念を強化する必要があります。そこで藁人形とか金槌が登場するのです。

人間の念は魂そのものから発していますから、意志呪術は霊魂を扱う呪術に代表されます。自分の霊魂を肉体から放って自由に空や霊界を飛び回る幽体離脱や、自分の体の中に神やほかの霊を宿す神降ろし、死者を霊界から呼び出して話をする口寄せやコックリさんなどがその例です。

こうした場合、意志呪術は自分と相手の霊魂のぶつかり合いといった様相を呈しますから、かける方もかけられる方も命がけです。特に呪殺ともなると、人間誰しも死にたくないものですから必死で抵抗します。術者の方の念が強かった場合は、なんとかその目的は達せられますが、たいてい霊同士の戦闘で気力を使い果たした結果、呪った方も死ぬことになります。もっと悲惨なのは相手の方の念が強かった場合です。跳ね返され、同時に相手の念も加わって増幅された怨念は、ほぼ確実に呪った本人を取り殺します（人を呪わば穴二つとはまさにこのことをいうのです）。

■呪術の理論

もとは一緒だったにせよ、今は遠く離れてしまったものや、単に似ているだけでもともとと何の関係もなかったものの間にどんな繋がりがあるのでしょうか。赤い糸の伝説のように、不思議な目に見えない糸で結びつけられているのでしょうか。それとも、存在すれども目にも見えず質量もない、不可思議なエーテルのようなものがこの宇宙を満たしていて、それを伝わっていくのでしょうか。現在でも、その点は分っていません。しかし、声がどのように伝わっていくかは分らなくても、会話はできます。同様に呪術がどのように伝わっていくかは分らなくとも、呪術は使えるのです。その点において、呪術はいまだ科学ではなく、技術の段階に留まっているのです。

技術、そう技術です。呪術は自然を相手にした技術なのです。ですから、呪文の文句、その時のしぐさ、儀式を行うべき時、参加すべき人物、参加を許されない人物、すべて決まっています。呪文の一言一句はもちろん、抑揚からスピード、しぐさの些細な点に至るまで、一切の誤りは許されません。僅かでも間違えると、目的を台無しにしてしまうのはもちろんの事、とんでもない結果を引き起こす可能性すらあるのです。

その代わりに、きちんと行われた呪術は必ず成功します。呪術というのは、いまだ原理ははっきりしないものの、自然に存在するなんらかの法則を利用して、目的を達する技術なのです。原理が解明されていないので、その呪文や儀式は試行錯誤を経て帰納的経験的に発見されたものでしかありません。いつの日にか、呪術の原理が解明されて、あらゆる事が呪文と儀式の組み合わせで行える日がくると思います。

■呪術師の分類

呪術師は、公的呪術師と私的呪術師に分けることができます。公的呪術師というのは、村や部族に所属していて、村のため部族のためにさまざまな呪術を使います。雨乞いや豊饒の呪術を使って、部族の繁栄を司ります。彼らは部族に所属しているので、部族を離れて旅に出たりすることはまずありません。もちろん、部族自身が流浪の民でいつも旅をしているのならば、当然部族と一緒に旅をしているでしょう。また、呪術師の跡継ぎで修業の最終段階に入った弟子が、修業の仕上げに旅に出かけることもありますが、一旦部族の呪術師となると、そこから離れることなく一生を部族のために過します。もちろん、部族を喰いものにする悪い呪術師もたくさんいますが、それよりも部族のために尽くした善良な呪術師はもっとたくさんいるのです。

公的呪術師の仕事は、まず雨乞いなどの天気の調節をします。次に作物がたくさん実るように豊饒の祈りをします。また、家畜が病気をせず、たくさん子供を生むようにします。一旦戦争が始まったなら、部族の戦士達が負傷しないように、勇敢に敵を倒せるように、さまざまな呪術を使います。

私的呪術師は、全体の利益になる呪術を執り行うのではなく、各個人の個人的な欲求を満たす呪術師のことです。といっても、別に邪悪な呪術師の事をいっているのではありません。たとえば、個人個人の病気を治してくれる医者の事を、邪悪な医者とはいわないでしょう。つまり、部族の皆が怪我をしないように祈ってくれるのが公的呪術師で、怪我をした個人を治してくれるのが、私的呪術師です。ですから、怪我をした戦士達の治療や、敵に与えた傷が悪くなるまじないも、当然私的呪術師の役目の一つです。もちろん、公的呪術師と私的呪術師の兼業をしている呪術師もたくさんいます。

ただし、私的呪術師の中には、自分の呪術を自分の利益のためだけに使い、そのためならばほかが苦しもうが構わない邪悪な呪術師もいます。

■呪術師の姿

皆さんに、一番おなじみの呪術師といえば、手にどくろのついた杖などを持ち、豹の毛皮などをまとい、髪に色とりどりの羽をさし、仮面をつけるかどぎつい化粧をするかした未開部族の魔法医師（Witch-doctor）でしょう。

その次にポピュラーなスタイルは、顔などどれが皺でどれが口か分からないほどにしぼんだ物凄い年寄りで、ぼろのようなものを身にまとい、もはや歩く事もままならないので、戦士の担ぐ「輿」に乗って現れて、主人公達が抱えた謎を解き明かすために、古代からの伝承を話してくれる老賢者でしょう。このパターンも秘境冒険物映画などでよく出てきます。当然この場合は、老人です。人形のように小さくちぢこまって、ぼそぼそと昔語りを始める皺くちゃの老婆というのも、割とよく見られます。

けれど、映画や小説で女性の呪術師が出てきた時は、大抵若くて美人が多いようです。衣裳はといえば、肌も露わな姿で、胸は見せたままか、せいぜい宝石で隠した程度です。そして、腰布を巻いただけの姿に、髪に宝石など飾っているのが、よくあるパターンです。女性の呪術師にも二種類あります。悪役は確かに若くて美人なのですが、本当の年齢がいくつなのか分らない、俗にいう年齢不詳の妖しい美女です。善玉は、本当に若くて、父親の後を継いだがまだまだ修業が足りないといった感じの、初々しい美女です。

ただし、呪術師はほかの魔法使いに比べ、圧倒的に数が多いので、映画や小説の呪術師のように、パターン化した人物ばかりではありません。いかにもはかなげで初々しそうな悪女とか、人相が悪いので誤解されがちな善人の中年男の呪術師などもいるのです。うわべだけで判断して、騙されないようにご注意ください。

呪術の儀式

■降雨の儀式

呪術師の役目でもっとも重要なのが、降雨の保証です。水は人間の生存に欠くべからざるものですし、作物の成育も水がなければどうしようもありません。特に昔は水の供給は主として雨に頼っていたのです。そして、雨を降らせる役目を担う呪術師は、特に雨司(Rain-maker)と呼ばれて大変重要な地位を占めたのです。

それゆえ雨を降らせる呪術は、世界中で発達し、呪術の中でこれほど多様な手法を持つものもほかに類がありません。すべてをあげていたら、それだけでページが埋まってしまいますから、代表的な例をいくつかあげるに留めますが、どれもが雨の降るのをまねる事によって、雨を誘うという点においては一致しています(類感呪術)。

まず、ロシアでの呪術ですが、三人の男が神聖なモミの木に登ります。そして、一人目は釜や桶を槌で叩き雷鳴をまねます。二人目は燃える木の枝をぶつけて雷光をまね、最後の者が小枝で桶から水をまき雨をまねるのです。全体で空に近い所で雷雨をまねる事によって雨を引き寄せる事ができるのです。

オーストラリアのマラ族の呪術師は、雨を降らせるために、まず池に行って呪歌をうたいます。もちろん、この歌はどんな歌でもよいわけではなく、雨を降らせる専用の呪歌があります。次に手で水をすくって口に貯め、周囲に吹き出します。それから、全身に水を浴び思いっきり暴れ回って水をまき散らすのです。これによって、呪術師は雨の力(土地に水をまく)を体内に得た事になります。その後、呪術師は、静かに自分の部族のもとに帰ります。すると、似たものは引かれるという法則により、その土地に雨がやってきます。

また、火のついた木の枝に、水を降りかけて火を消すことによって雨を呼ぶ事もあります。この時、焼け死んだ人の墓の前で行うと、より効果的です。焼け死んだ人は死んだ後もその苦痛を和らげるべく、水を求めるから、火を消す水の力と、焼死者の水を求める力の相乗効果で、雨を呼ぶ事がより確かになるからです。

水以外に、液体といえばどんなものを思い浮かべますか。そう血液ですね。呪術の中には、飛び散る血潮を雨に見立てる事によって、降雨を呼ぶ儀式も知られています。アビシニアでは、毎年一週間雨乞いのために村々の間で殺し合いをすることになっていました。これは、戦いで飛び散る血しぶきが、雨を呼ぶからです。

雨といえば、カエルを思い出す人も多いでしょう。カエルを使って雨を降らせる呪術もあります。カエルを捕まえてきて、逆さに伏せた壺の下に入れて、壺を叩くとカエルは苦しがって雨を呼ぶのです。

■雨を止ます儀式

雨が降りすぎてもまた困りものです。もちろん、雨を降り止ます事も呪術で可能です。雨を止ますには、雨すなわち水に対抗する何かを使わなくてはいけません。水の反対といえば当然火ですね。

面白い事に、雨を降らせる儀式と大変よく似た儀式で雨を止ます事ができます。つま

り、火のついた木の枝に水をかけるのです。この時、降雨の儀式と違い、火を消してはいけません。火を消さない程度に水をかけると水は蒸発してしまいます。この火による水の消滅、蒸発の力を借りて、雨を止ます事ができるのです。

また、同様に火を用いて雨を止ます方法があります。これは、前述の呪術よりもっと直接的です。火で真っ赤に焼けた石を出して雨に打たせたり、熱い灰を空中にまくのです。または、火のついた木の枝を空に向かって投げ上げます。これらの呪術のコンセプトは同じです。雨に熱い思いをさせたら、雨が嫌がって去っていくだろうと考えているのです。日本ではよく、「てるてる坊主」を軒下につるしますが、これは坊さんの髪のない頭と太陽が似ていることによる類感呪術といえるでしょう。

■ 呪殺

さて、今までの呪術は、村のための呪術や、部族全体のための公的呪術でした。次にもう一つの私的呪術をあげてみましょう。各個人のためになる呪術、または特定個人を害する呪術、そういった私的呪術の中で、もっとも有名で、しかももっとも恐ろしいものは、やはり呪殺でしょう。呪術によって人を殺す事は、古代より頻繁に行われてきました。

日本の「丑の刻参り」も、その一つです。『民間信仰辞典』によれば、「装束は白衣を着て、頭には五徳を逆さにたて、3本のローソクを灯し、髪をふり乱し、胸には鏡をかけて、一本歯の足駄をはく。手に五寸釘と鉄槌を持って、人形の心臓部に打ちつける」のだそうです。考えただけで、恐ろしくも鬼気せまる光景です。人形は藁人形で、時は真夜中丑の刻（午前二時頃）、場所は神社の鳥居か神木です。これを七日間続ければ、満願となります。もちろん、その間決して人に見られてはいけません。これは類感呪術の一例で、人形と人間の類似をもって、相手に人形の受けた苦痛を送り込んでいるわけです。

感染呪術の呪殺もあります。今述べた、丑の刻参りでも、藁人形に憎い相手の髪の毛を入れておかなくてはいけないという説もあります。これは髪の毛とその本体である相手との神秘的な繋がりをもって、呪術の効果を高めているわけです。たかが髪の毛といって、粗雑に扱わぬように。あなたの敵の手に落ちた一本の毛髪が、どんな害を及ぼすか分らないのですからね。

■怪我の軽減

さて、海辺を素足で歩いていて、錆びた釘などを踏んで怪我をした場合、どうしたらよいでしょうか。当然、傷口に薬を塗って治療をしますね。しかし、それだけでは少々足りないのです。怪我をさせた釘の方にも、薬を塗ってやらないといけないのです。

東部イングランドでは、鎌で怪我をしたならば、化膿止めのためには、鎌の方を磨いて油を塗っておきます。鎌が錆びれば、その影響で傷口も化膿してしまうからです。

また、ローマの博物学者プリニウスによれば、人を傷つけた時、加害者がその手に唾をすれば、怪我人の苦しみは和らぎます。これは、傷口に唾をかけて消毒するのと同じ効果が得られるわけです。

■怪我の悪化

それでは、戦いの後で、敵につけた傷をもっと悪化させるにはどうしたらよいでしょうか。それは、怪我の軽減の項目で行ったのと反対の事をすればよいのですね。しかし、敵に傷を与えた武器をいちいち錆びさせていては、たまりません。

そこで、弓矢で敵に傷を負わせたら、帰った後でその弓を火のそばに置いておきます。そうすれば、その熱が傷口にも転移して患部が熱を持ち、時々弓の弦を弾けばそのたびに傷口は疼き、苦痛はいや増すばかりです。

もちろん、弓よりも、やじりそのものを手に入れた方が、傷口との結びつきが大きいですから、より効果が大きい事はいうまでもありません。

■動物の能力を得る

動物は、人間よりも優れた能力を持っているものがたくさんいます。地上を速く走ることのできる馬、空を飛ぶことのできる鳥、力強い象、たぐい稀なる戦闘力を持つ熊や虎など、枚挙にいとまがありません。私達人間は、その力を畏れ、なおかつ敬い、その素晴らしい力をその身に得たいと願ってきました。

現在その願いは科学の力によって達成されました。馬よりも速い車、空を飛ぶ飛行機、象より強いブルドーザー、熊や虎をも一撃で倒す銃などです。しかし、太古においてはそのようなものはありません。いや現在でも、自分が馬ほどに走れるわけでもなければ、熊と一対一で戦えるわけではありません。

そこで、呪術の力を借ります。ある能力を、その身の中に取り込むにはどうしたらよいでしょうか。その方法は二つあります。

まず、あなたの祖先神が動物だったらどうでしょうか。そう、あなたにはその動物の血が今でも引き継がれているはずです。それならば、その血を自分に対して思い出させればよいのです。その方法としては、動物のふりをするとか、その動物と同じものを食べるとかすれば、よいでしょう。

しかし、そんな都合のいいことはそうそう起こりません。それに、熊のように強くなりたいと思っているのに、祖先が馬では困ります。もちろん、その時はきっと速く走れるようにはなれるでしょうが、当面の目標、熊のように強くなることには不向きです。

そんな時は、別の方法で、動物をその身に取り込めばよろしい。どうするかといえば、食べてしまうのです。食べることによって、その動物の力を〝その身に取り込む〟のです。アフリカのナマクア族は、勇敢で強くなるために、ライオンの肉を食べたり、乳を飲んだりします。逆に臆病にならないよう、兎の肉などは食べません。また、ファン族の男たちは亀を食べません。その理由は亀など食べたならば、足が遅くなってしまい狩りができなくなるからです。ただし、老人になってしまえば食べてもよいそうですが。食べるのはその性質に関連したところがいいので、勇敢さを得るために心臓はよく食べられます。

■儀式としての食人

前の項目で、さまざまな動物を食べました。しかし、食べるのは何も動物とは限りません。植物でも何でもいいのです。それどころか、人間の心臓さえ食べることがあります。一九二四年にサー・チャールズ・マッカーシーが西部アフリカでアシャンティー族の酋長に心臓を食べられたのも、そのためです。マッカーシー卿の肉はその配下の者が食べ、骨すら呪物として使われました。

昔は、食人は別にアフリカの人喰い人種の専売特許ではなく、世界中に見られました。アメリカインディアンのカミラロイ族は肝臓も食べましたし、フィリピンのイフガオ族は脳を食べました。中国では処刑した賊の胆汁を飲みました。ニュージーランドでは、なんと殺した敵の両眼を呑み下したのです。すべて、強い者の力を我が身にも得るためです。ですから、弱い者、臆病な者などは食べられることはありませんでした。

もちろん、現代では食人などをすれば、即座に警察に捕まるどころか、精神病院送りでしょうから、そんなことはできません。しかし、何かに秀でた人の形見の品や、愛用の道具を得ることで、その人の能力を受け継ぐことができます。戦いが強かったのならその武器を、賢かったのならその書や虫眼鏡などの関連した物の方が効果が強いし、一度使っただけの物より何度も愛用した物の方がより効果的であることはいうまでもありません。

呪術師

残念ながら、歴史に名を残すような偉大で強力な呪術師は知られていません。それどころか、ごく僅かな名前すらほとんど残っていません。

僅かに知られているのが、ジェイムズ・フレイザーの『金枝篇』の題名にもなったジョセフ・マロード・ウィリアム・ターナーの絵「金枝」に描かれた、ネミの村の神官王くらいのものです。彼らすら、神官王として知られているだけで、具体的な彼ら一人一人の名前など、歴史の闇に埋もれてしまい、残ってなどいないのです。

＊一　シャーマニズム　語源はツングース語の宗教的職能者、サマンに由来するといわれています。
＊二　エア　マルドゥクに仕えた神。
＊三　マルドゥク　バビロニアの主神、ティアマートを退治して世界を作りました。

魔眼（EVIL EYE）

視線を感じて振り向く。そんな経験はありませんか。一般の人にも、人を振り向かせるくらいの眼力はあるのですから、魔力を持った者ににらまれたら大変です。呪いをかけられたり、金縛りにされたり、果ては命まで奪われかねません。

この人間を不幸にする作用のある眼力のことを、英語でイーヴル・アイ（Evil eye）といいます（日本では魔眼とか兇眼と呼ばれ、仏教用語では邪視といわれています）。

イーヴル・アイに関する伝承は世界各国にあり、シュメールの石板にも「死の眼」として刻まれていました。一般に、魔術師や老婆、悪魔と契約したものがこの能力を持つとされていますが、生まれつき眼力の鋭い人もいます。

イーヴル・アイから逃れるにはさまざまな方法があります。眼力には眼力をという考えから、エジプトではウジャト眼と呼ばれる神の目をかたどった護符が、その影響を払ってくれるとされていました。また、目のないものには眼力が通じないという意味で、モグラなども護符になりました。もちろんメデューサに対してペルセウスがとったように、鏡やガラスを使ってその視線をそらすというのも一つの方法です。にぎりこぶしの人差し指と中指の間から親指の先を出して突きつける方法は、恥ずかしくて見ていられないものとの連想で、やはり強力な対抗手段となります。

二

ドルイド — Druidism

ドルイド

Druidism

ドルイドとは何か

ドルイド。それは、自然を愛する者、森の神官、森の守護者として動物達と暮らし、植物や動物を心無い者達の行為から守る。現在のドルイドのイメージは、そのようなものでしょう。でも、そのイメージは本当でしょうか。後世の人々が勝手に作り上げた幻想なのではないでしょうか。この章では、誤解されていたドルイドの真の姿を御覧に入れましょう。

ドルイドはケルト民族が生み出したものです。

■ケルト民族

ケルト民族は、ロシアの平原からイベリア半島まで、トルコの山中からアイルランドまで、古代ヨーロッパに広く住んでいたにもかかわらず、その真の姿は、歴史の深いベールの中に隠されたままです。彼らケルト民族は共和制・帝政ローマに征服されたのです。現在ではアイルランドとイギリスの一部にしかその命脈は保たれていません。

ほかの占領地では、その地の神をそのまま崇めることを許したローマ人が、不思議なことにケルト人にだけは、強い弾圧を行いました。ドルイド達が、ローマに対抗するように人々を扇動したからだといわれています。しかし、本当にそれだけなのでしょうか。やはりケルト人に、ローマに対抗できる強い力、魔法の力があったからこそ、どうしても弾圧しなければならなかったのではないでしょうか。ケルト人はすでに鉄器を作り、車輪を発明し、戦車を駆っていたにもかかわらず、相変わらず敵の首を狩るという面も合わせ持っていました。この首は、斃した敵の記録のため（日本でも戦国時代など盛んに行われました）であるとともに、敵が生まれ変わることを防ぐ手段でもありました。というのは、ケルト人においては生命は永遠に輪廻するので、昨日斃した敵が、いつか生まれ変わって復讐に来ることがあり得たのです。しかし、首を切られた死人は輪廻できないとされていました。こういった事情を知らないローマ人には彼らの風習が理解できず、単なる未開人扱いをしましたが、後にはそれが誤りであることを悟りました。ドルイドは、そんなケルト民族の、神官だったのです。

ドルイドは、見者または識者であるという意味の daru-vid からこう呼ばれるといわれます。また、「樫の木の智者」という意味だともいわれます。しかし、その名前を想像させるような穏やかさとは裏腹に、ドルイドは神（？）に人身御供を捧げるのを当然と思っていました。

ローマのディオドロス[*一]はこう記しています。「重大な事件の説明を求める時、まことに驚くべき、信じられないようなことをする習慣がある。そういう場合、彼らは人間を死神に捧げる。犠牲者の胃の上あたりに短刀を突き刺し、死の痙攣と血のほとばしり方から、きたるべき出来事を推論するのである」と。つまり、尋問をするのに拷問をする必要などなかったのです。単にその者を、正しい手順で殺せば、その血が自ずから真相を告げたのです。

また、ユリウス・カエサル[*二]も著書『ガリア戦記』にこう書いています。

「ガリアの部族はみな宗教に深くうち込んでいて、そのために重病人とか戦争や危険に身をさらすものは生贄として人間を犠牲にするか、犠牲にすることを誓い、その犠牲をとり行うものとして僧侶を使う。人の生命には人の生命をささげなければ、不滅の神々はなだめられないと考えているから同じ犠牲を公けにもきめている。或いは大きな像を作って、その細枝を編んだ四肢に生きた人間をつめ、火をつけて焔でまいて人を殺す。盗みや強盗やその他の罪でつかまったものの刑罰は不滅の神々にとりわけ喜ばれると思っている。しかし、そんな人間がいない場合には、罪のないものまで犠牲にする。（近山金次訳）」

ただいやがる生贄を無理やり殺したと考えるのはちょっと早計で、生贄に選ばれた者も喜んで死んでいった場合が多かったといいます。死んでも転生することが分っており、しかも神々のもとに召されるのですから、ある意味でそれも当然です。カエサルはさらに、ケルト人は死を恐れないと書いています。したがってより好戦的であり、戦うにあたって退くということを知りません。最後の一人になるまで勇敢に向かってくるケルト人に、ローマ人は戦慄を覚えたのです。

■ドルイドの仕事

ドルイドは、神官であるとともに、占い師にして、政治家。魔術師にして、裁判官です。また、ディオドロスにいわせると哲学者でもありました。

ドルイドになるには、大変長い修業をしなければなりません。なぜなら、ドルイドになるためには、魔力を持つ数多くの詩を記憶しなければいけないからです。ケルトには初め文字がなかったため、すべて自分の頭で覚えなければならないのです。ですから、長い者は二十年間も教育を受けなくてはいけません。

その代わり、ドルイドにはさまざまな特権もあります。ドルイドは戦争において、ほかの戦士のように戦場に出る必要もありませんし、税金すら払わなくてもかまいません。そんな事をするよりも、ドルイドにはやるべき事がたくさんあったのです。

もちろんドルイドは、神々の祭司として生贄を捧げ、戦いの行く末を占い、予言を行いました。しかしそれだけではありません。青年の教育もドルイドの役目です。そして、裁判もドルイドの仕事の一つです。公私にわたるさまざまな争い、相続・犯罪・国境争いに至るまでドルイドの裁決に逆らえる者はいません。なぜなら、ドルイドに逆らうと生贄をあげてもらえず、それはすなわちあらゆる場面において神々の加護がなくなることを意味しているのです。

豊饒の儀式などもドルイドの仕事の一つです。ケルトでは、霊魂は不滅なので、豊饒の儀式とは去年死んだあらゆる生き物が、ふたたびこの世に帰ってくることを願う儀式です。この点で、ドルイドの儀式は、呪術の儀式と異なっています。

すべてのドルイドは、年に一度集まり、大会議を開きます。この会議は、その一年で起こった事件について議論し、国境を越えるような大きな争いを治めるために開かれます。これは、ドルイドが国境を自由に越えることができることを意味します。これも、ドルイドの特権の一つです。たとえ戦争をしている部族の間でも、この会議に出席するドルイドの道を塞ぐことはできないのです。

その会議には、いかなる王も、干渉することができません。そして、すべてのドルイド神官の頂点に立つ高位ドルイドが、その会議を支配しています。ドルイドの長は終身制で、彼が死ぬと、残りのうちでもっとも勢力のあるドルイドが、次の長になります。しかし、時には武力で解決することもあったようです。

■ドルイドの魔力のもと

ケルトでは、樫の木は大きな意味を持っています。ドルイドという言葉自体が、樫の木からきているとすらいわれているくらいです。

そして、やどり木は、魔力を持つもっとも優れた材料でした。ほかの木に生えたやどり木も、魔力を持っていますが、やはり樫の木に生えたやどり木が、もっとも大いなる魔力を秘めていました。ドルイドは、毎月の六日、白い衣裳を身につけ、樫の木に登り、「黄金の鎌」で、やどり木の枝を切り取り、白い布の上に置いて二頭の雄牛を生贄に儀式を行ったそうです。この儀式によって、やどり木の魔力を、人間が使えるようにしたのです。

このほかには魔法の薬草があります。彼らは、この魔法の薬草をそれぞれの儀式にそって入手するのです。たとえば「サモルス」と呼ばれる草は、必ず左手で摘み、「セラゴ」と呼ばれる草は、右手を白衣の左袖に通して摘まなければいけません。この儀式を行わないと、薬草の薬効は失われてしまうのです。

また、「アングィヌム」と呼ばれるりんごくらいの魔法の卵についても、断片的ながら話が残っています。この卵には蛇の毒が含まれていたのですが、その卵を持っていれば、

ケルトの魔術師と吟遊詩人

ケルトにはドルイドのほかにも、魔法を専門にする魔術師がいました。彼らはやはり魔術によって天候を左右することができますが、ドルイドと違って広範囲に及ぶものではありません。

また、王侯の噂を城や町に広めるバード（Bard 吟遊詩人）の中には、魔力のある歌を歌える者もいました。その力は、歌詞とその旋律の中に込められており、人間の感情に訴えかける働きがあります。主なものをあげてみると、次のようになるでしょう。

一、町中に不名誉な噂を流して、王侯を失脚させる
二、その旋律によって、聞いている者の喜怒哀楽を自由にあやつる
三、人を眠らせる
四、敵の士気をそぐ

彼らはリラと呼ばれる竪琴を持ち歩いており、よくそれを奏でながら呪歌を歌ったとされています。ケルトの伝承をみると、バードの呪歌によって実際に地位を失った君主の記録はたくさん残されており、それだけに王侯は彼らを恐れうやまって宮廷に招いたのです。

裁判などで負けることがないのです。

樫ややどり木はともかく、ほかの草などは現代では何と呼ばれているのか、まったく分っていません。ただ、いい伝えだけが、辛うじて歴史のカーテンの向こうをかいま見させてくれます。

■ドルイドと森林

それでは、現在思われているドルイドのイメージ、森に一人で住み、植物や動物と暮らすドルイドは、いったいどこから生まれてきたのでしょう。

ローマ軍の弾圧は、先ほどお話ししましたが、その後もドルイド達は、ローマに対する抵抗を止めようとはしませんでした。そして、その身の隠し場所としてローマ人がやってこない場所、深い森の奥をその根拠地としたのです。ドルイド達は、実際ゲリラ戦術の祖でもあるのです。

抵抗運動をしないドルイド達も、弾圧されて公然とした宗教活動ができないため、自然と森に入り隠れて暮らすようになったのです。もちろん、自然崇拝をするケルト人にとって、森の中は力を引き出すのにも、瞑想を行うのにも都合がよかったことも確かなのですが。

以後、イギリスにおいては、権力に逆らう者は森から来るという伝統ができました。ウ

マーリン

マーリンは、アーサー王の魔術師として有名です。マーリンは、厳密な意味では人間ではありません。というのは、彼はインキュバス（Incubbus）が人間に生ませた子供だったからです。しかし、彼の母は信心深い人だったので、生まれた彼をすぐ牧師のもとへ連れていきました（六世紀になると、イングランドもすっかりキリスト教化されています）。牧師は、あわてて彼に洗礼を施し、インキュバスの手から守ったのです。

当時は、もはやドルイドは宗教としてではなく魔法として理解されていましたから、マーリンも魔法使いとして生きていました。また、彼は現実に強力な魔法使いであったのです。

よく知られたマーリンのエピソードとして、彼がよく姿を変えて皆の前に登場したことがあげられます。小人や老人はもちろん、貴婦人にすら姿を変え、時には猟犬や小鹿などになることもありました。

彼は、いろいろな物を魔法で作ることができました。城すら作ることができたのです。ただし、後にマーリンはこれで酷い目にあいますが。というのは、愛人のヴィヴィアン（Vivian）にせがまれて、建物を建てる魔法を教えたために、ヴィヴィアンに自分の教えた魔法で、搭に閉じ込められてしまったのです。そして、その後彼の姿を現実界で見かけた者はいません。一説によると、彼は今でも、ヴィヴィアンの作った搭に住んでいるともいわれます。そして、アーサー王が帰還する時に、同時に現れ、彼を助けるのだとも。

ィリアム・テルやロビン・フッドなどもその好例です。ロビン・フッドの相棒の一人の荒法師タックなどは、もちろん表向きはキリスト教の聖職者とされていますが、実際のところはドルイドの遺髪を継ぐ者なのかもしれません。

ドルイドの魔力

ケルトの神官が用いる魔術には、まず神託や予言があげられます。これは、国を動かしていく上で絶対に必要なものでした。また、一般的な呪いや祝福、悪魔払いなども、当然のことながらできました。ただ、ほかにもっと魔術的要素の濃い逸話も伝わっていますので、以下いくつか見ていきたいと思います。

■天候の制御

ケルトの宗教は自然に密着したものであったため、魔術にもそういった要素が多く含まれているようです。魔力の強い高位のドルイドは、嵐、波、霧などを起こしたり、鎮めたりできました。これは、彼らの神の力を借りるもので、特に敵艦隊に対して絶大なる打撃を与えることができます。さらに神に近い力を身につけた神官になると、水を火に、火を石に変えるといった具合に、世界の根本となる四大元素を操ることまでできたようです。

■探索と調査

唱え終わると呪文は一瞬にして虚空に消えてしまうので、探査など時間を要する魔術には向いていません。そこで、ドルイドはオガム文字（後述）を使って聖なる木からとった枝にその呪文を刻みつけ、魔力を維持しました。もちろん、この方法と神託による予言を組み合わせて調査は進められるのです。これは人探しから敵情偵察まで広く用いられました。

調査の魔術は、ドルイドのいる場所と見たい場所の間に超空間的なパイプを渡すようなもので、こちらの音なども多少向こう側にもれてしまいます。すなわち相手が敏感だと感

づかれてしまうわけで、そこが欠点でもあります。

これは情報を吸い取る魔術ですが、同様にしてエネルギーを吸い取ることもできます。アイルランドのモイトゥラの地で神々トゥアハ・デ・ダナーンと魔族フォモールが戦った時、神々のなかのドルイドであるフィゴルは、敵に火の流れを送ってその活力を奪い、その分味方の神々に与えたとされています。

■変身

ドルイドの杖には、不思議な力がありました。念を込めて振り上げ、そして振り下ろすと、人間を犬、豚、白鳥、蝶といったほかの生物に変えることができるのです。ケルトの考えでは、人間がほかの動物に生まれ変わるのも当たり前とされているので、変身譚はかなり多くあります。変身は転生の一つの形態と見なされるため、たいていはもとの姿に戻ることはありません。唯一戻す方法があるとすれば、それはかけた当人が術を解くことだけでしょう。

■呪歌（じゅか）

ドルイドの魔法の多くは、詩など口伝の形で弟子に伝えられました。また、詩として唱えられて初めて効力を発揮するものもありました。ですからその詩の最たるものとして、呪歌が脚光を浴びるのも故ないこととはいえません。戦意の向上をもたらすものや相手を呪縛するもの、相手の心をとろかすものすらあります。ただ呪歌に関していえば、フィラとかバードなどと呼ばれる専門の詩人に次第にまかされるようになったため、ドルイドの主要な技術からは外れていきます。

■戦勝祈願とゲッシュ

これは、呪術にもありますが、ドルイドの重要な役目です。ドルイド教は仏教などと同じく霊魂は不滅で永久に輪廻していると考えています。ですから、ケルト人は「天が頭の上から落ちてこないか」ということを除いて恐れるものは何もなかったのです。

このセリフは、ケルト人の神聖な誓い（ゲッシュ）の時にも使われます。つまり、「天が落ち来たりて、我を押し潰さぬかぎり、わが誓い破らるることなし」というわけです。

ゲッシュはケルトの騎士団特有のものです。騎士は叙任された時に、必ず自分に対して何らかの誓約（すなわちゲッシュ）を立てなければならないのです。これは名誉にかけて守らなければならず、破ると命にかかわるほどの災厄が訪れるとされています。ほとんど呪縛ともいえるくらい強いもので、これを利用して騎士を破滅に導くという魔術の方法もあります。

■オガム文字

呪歌のところでも少し触れましたが、本来ケルトには文字というものがなかったため、伝承はすべて口伝でした。しかしアイルランドでは、四世紀ぐらいからオガム（ogham）といわれる文字が工夫され、呪文やゲッシュを書くのに使われました。文字と発音は、それぞれ左の表の通りです。

このオガム文字には、ゲルマンのルーン文字とかなり共通した部分があります。まず木や石に刻むのに適していたということ、やがてはラテン文字に駆逐されたということ、そしてやはり魔術に使われたということになっており、成立の点でもその類似は興味深いところです。

魔術の例としては、アイルランドの英雄ク・フリン（Cucullin）が使った、樫の枝のゲッシュがあげられます。彼は「片手、片足、片目だけで樫の枝の環を作れぬもの、この先

オガム文字

ᚔ	I
ᚓ	E
ᚒ	U
ᚑ	O
ᚐ	A
ᚏ	R
ᚎ	Z
ᚍ	NG
ᚌ	G
ᚋ	M
ᚊ	Q
ᚉ	C
ᚈ	T
ᚇ	D
ᚆ	H
ᚅ	N
ᚄ	S
ᚃ	F
ᚂ	L
ᚁ	B

通るべからず」というオガムの碑文を残して、敵の騎士団を足止めしました。ゲッシュに逆って進もうとした者も、森に住む悪霊にたたられて、さんざんな目にあったということです。

ウインストン・チャーチル

第二次世界大戦中の、英国の首相です。彼が魔法が使えたかどうかまではさだかではありませんが、彼が「ドルイド共済会」なる組織に一九〇八年に入会していた、ドルイド神官の一人であったことは歴史的事実です。もちろん、この会をほんのジョークだと考えていた人もいましたが、真剣に考えていた人もいたのです。

チャーチルが、どちらだったのかは分ってはいませんが、彼の指導のもとでイギリスがドイツとの戦争に耐えぬいた事は事実です。もしかしたら、英国はチャーチルの魔力で守られていたのかも知れませんね。

＊一　ディオドロス（Diodros　?～紀元前二一）　ローマ時代の歴史家。エジプト・メソポタミアの頃から、カエサルのガリア遠征までをおさめた『世界史』の著者。

＊二　ユリウス・カエサル（紀元前一〇二～紀元前四四）　英語読みでいうジュリアス・シーザーのこと。ローマの政治家にして、『ガリア戦記』などの著者としても知られています。

三

ルーン——Rúne

ルーン
Rúne

魔力を秘めたルーン文字

魔力を秘めた不思議な文字、それがルーンです。最近では、魔術に使う奇妙な文字や記号まで含めてすべてルーンと呼ぶようですが、本来はゲルマン民族が三～十四世紀頃まで使っていた一種のアルファベットでした。もっとも、ルーンという単語自体、秘密、奥義、ささやき、神秘などといった意味を秘めていましたから、それが魔術に使われるのはしごく当然のことなのかもしれません。言葉がある特定のリズム、抑揚、アクセント、単語の序列などによって特殊な呪文となるように、ルーンはその刻み方によって、絶大なる魔力を発揮します。

■失われた文字ルーン

ルーンは、我々が現在使っているような紙に書く文字とは違って、物に刻んで使われました。地域的にはかなり広く、北欧を中心として東は黒海から西はグリーンランドにまで至ります。それは各地に残る数々のルーン石碑によって、証明されます。

千年以上もの長期にわたって使用されたので、ルーンは時代により少しずつ変化してきました。もっとも古いものはゲルマン共通フサルク（futhark）と呼ばれており、五十四ページの表にそのすべてのアルファベットをあげておきました。後には枝のルーン（表の右段参照）と呼ばれるものも使われるようになりましたが未だに解読できない文章も多く残されています。これは、彫り手が自分の名を明かしたくないときなどに使われたようですが、それによって、その石碑の神秘性が増したことは間違いありません。解読された枝のルーン石碑に魔術関係のものがないことは、皮肉といえましょう。未解読の石碑は、魔力を秘めているがゆえに解読されないのかもしれません。

さて、ルーンにはいくつかの特徴があります。中でももっとも大きなものは、文章中ではラテン文字と同様一文字一音を表すのに、一文字一文字に固有の意味があるため、それぞれ単独で使われることもあるということでしょう。

また紙に書かれたのではなく、木や骨に刻まれたのだということも見逃してはいけません。その形を見てもらえば分ると思うのですが、ルーンは書くより刻むのに適した文字で

ゲルマン共通フサルク

ルーン		音価	意味	枝のルーン
ᚠ	フェフ	f フ	家畜、富、財産	ᚠ
ᚢ	ウルズ	u ウ	野牛、鉱滓、にわか雨	ᚢ
ᚦ	スリサズ	th ス	巨人、いばら	ᚦ
ᚨ	アンサズ	a ア	神、河口	ᚨ
ᚱ	ライゾー	r ル	騎馬	ᚱ
ᚴ	ケーナズ	k ク	ねぶと、松明、船	ᚴ
ᚷ	ゲボ	g グ	贈物、物惜しみせぬこと	― →ᚴ
ᚹ	ウニョー	w ウ	喜び、牧草地	― →ᚢ
ᚺ	ハガラズ	h フ	雹	ᚼ
ᚾ	ナウシズ	n ン	困苦	ᚾ
ᛁ	イーサ	i イ	氷	ᛁ
ᛃ	イェーラ	j ユ	夏、豊作、収穫、年	ᛅ
ᛇ	エイフワズ	E イェ	イチイ	― 使用せず
ᛈ	ペルス	p プ	?	― →ᛒ
ᛉ	アルギズ	R ズ(ル)	大鹿、防御、庇護	ᛦ
ᛊ	ソウェル	s ス	太陽	ᛋ
ᛏ	テイワズ	t ト	戦と正義の神テュール	ᛏ
ᛒ	ベルカナ	b ブ	白樺の枝	ᛒ
ᛖ	エフワズ	e エ	馬	― →ᛁ
ᛗ	マンナズ	m ム	人間	Φ
ᛚ	ラグズ	l ル	水、海	ᛚ
ᛜ	イングズ	-ngング	神(または英雄)イング	― 使用せず
ᛞ	ザガズ	d ズ	昼、日	― →ᛏ ᚦ
ᛟ	オースィラ	o オ	遺産、土地	― →ᚢ

＊谷口幸男『ルーネ文字研究序説』をもとに筆者が作成

した。石碑以外にも、金貨、留金、武器、槍先、護符など多くの物に刻まれました。このほか、現在ではほとんど風化して残っていない木や骨に刻まれたものまで考え合わせると、膨大な点数にのぼります。

北欧などのゲルマン社会でこのような文字が発達した理由は、紙の原料となる植物や動物が、あまりいなかったためだと思われます。後に製紙技術の発達とともにラテン文字がもたらされると、ルーンはゲルマン社会から徐々に姿を消していきます。刻むのに時間のかかるルーンは、短時間で簡単に紙に書くことができ、しかも持ち運びにも便利なラテン文字にたちうちできなかったのです。そして同時に、それはルーンによる魔術の消滅をも意味しました。

けれども我々は、悠久の時の試練に耐えて残されたわずかな資料から、その偉大なる知恵の一部をかいま見ることができるのです。

■ルーン文字は、どのように使われたか

ルーンが、さまざまな物に刻まれたことは前に書きました。しかしルーンを刻むことに、どのような意味があったのでしょう。

ルーンが刻まれた石碑の内容には、船で遠くに旅立ち、ふたたび帰らなかった勇敢なヴァイキングの生涯を刻んだものや、死んでしまった父親の、偉大な業績を讃えて息子が立

てたものなどさまざまなものがあります。石碑が立てられる理由のほとんどは、死者の業績を長く讃えることにありました。日本でいう墓石のようなものと思えば、そう不思議なものではありません。

しかし装飾品に刻まれたルーンには、どのような意味があるのでしょう。適当に見栄えのするルーンを、金貨や留金に彫って恰好をつけたのでしょうか？　それとも装飾品を作った職人が、いくばくかの黄金を着服する理由のために彫ったのでしょうか？

いいえ、断じてそんなことはありません。世俗的な使用法としては、まず自分の名前を書くことが多かったようです。どこの某これを所有、などと書かれている腕輪も発見されています。

しかしそれとは別に、闘いに使う気に入った武器に、勇ましい名前を書くことにも使われました。「攻撃者」「早駆ける者」などの名前をルーン文字で刻み、その武器が闘いで大きな力となることを願ったのです。

これらの武器に刻まれたルーン文字は、初期の頃には槍などの先に刻まれていました。しかしそのうち、投げて無くしてしまう可能性の高い槍などには刻まなくなり、槍を投げ合ったその後で持って戦う剣などの接近戦用武器に多くなるのは興味深いことです。やはり無くしてしまうものには、手間のかかる細工をしなくなるのでしょうか？　それとも最後の頼りになる武器に、強大な力が宿るようにと願ったのでしょうか。どちらにしても、

現代のルーン魔術

ルーンを使った現在におけるルーン魔術の一片を紹介しましょう。ここで述べるのは、ルーンを研究し、その魔法的な術を具体化した、ルーンギルドとルーネワークショップの成果です。

現在、ルーンを魔術として体系づけた方式の中で、エルダー・フュザークのルーン魔術があります。これは、エッダやサガに登場したルーンをまとめ、全部で二十四種類のルーン魔法とし、その実行手順を述べたものです。

フュザークのルーン魔法に一貫していえることは、ルーン文字のポーズを取りながら、呪文を唱え、各魔法ごとに伴う独特の動作を行うことです。中には非常に変なポーズのまま行わなければならないものもあります。では、ここで、フュザークの二十四魔法の内の一つ、「幽体離脱」の方法を簡単に説明しましょう。

まず、かかとをつけて、直立し、左手を上へ四十五度上げ、右手を下へ四十五度下げたポーズをとります。次に、「魂よ旅立て」と心で念じながら、呪文を唱えます。その呪文は次のとおりです。

ehwo ehwo ehwo
eeeehwoooo
ehwu ehwa ehwi ehwe ehwo
ehwo ehwe ehwi ehwa ehwu
eeeehwoooo

(Thorsson『A Handbook of Rune Magic』より)

この魔法を行うと、術者は予言能力を得たり、魔法の力の源を知ることができます。さらに、あらゆる物を尊重することを会得できます。つまり、この魔法は、ほんとうは精神鍛錬の術なのです。術者は、この魔法を行うことによって、より精神を鍛え、その結果、精神活動を切り離すことができるようになるというものなのです。

闘いに向かう戦士の心がよく分ります。ここに現れているようにルーン文字は、戦士の間で絶大な信頼を持っていたのです。

なぜ戦士達は、武器にルーンを刻んだのでしょう、そして人々はなぜ、さまざまな貴重品にルーンを刻んだのでしょうか？　それは彼らが崇めた神に関係があります。

■努力し進歩する神オーディン

戦士達が崇めた神オーディンは、ヴァルキュリアと呼ばれる女戦士達と戦場を駆ける勇ましい戦の神で、さらに最高の魔術師でもあったのです。オーディンは勇ましく闘い死んだ戦士を、ヴァルハラの館に連れていくと信じられていました。戦士の誰もが、オーディンの加護を願ったものでした。

面白いことに、オーディンはほかの神話の神々と違い、最初から万能の神ではありませんでした。オーディンは自ら努力して、少しずつ力をつけていった成長する神だったのです。

北欧では魔術はもともと女神達の力であったため、当然のことながらオーディンも最初は魔力を持ってはいませんでした。彼に魔術の手ほどきをしたのは、絶世の女神フレイヤです。しかしこれはガルドル（galdr―呪歌）や呪文によるものが中心で、まだルーンは神々の間でも発見されていませんでした。しかし、オーディンはさらなる力を得られるよう、自分自身を生贄として、自分自身に祈りを捧げました。もっとも偉大なる神であったオーディンは、もはや自分しか祈るべき対象がなかったからです。そのようすは、『古エッダ』のオーディンの箴言にこうあります（百三十八〜百四十一節。谷口幸男訳）。

「わしは、風の吹きさらす樹に、九夜の間、槍に傷つき、オーディン、つまりわし自身にわが身を犠牲に捧げて、たれもどんな根から生えているか知らぬ樹に吊りさがったことを覚えている。

わしはパンも角杯も恵んでもらえず、下をうかがった。わしはルーネ文字を読みとり、呻きながら読みとり、それから下へ落ちた。

ベストラの父、ベルソルの音に高い息子たちから、わしは九つの魔法の歌を習い、そして、オーズレリルの宝の蜜酒を一飲みした。

するると、わしは大きくなり、偉くなり、成長し、健康になった。ことばが、ことばからことばをわしに探してくれ、仕事が、仕事から仕事をわしに探してくれた」

このようにしてオーディンが習得したルーンとその秘法は以下のようになります。

一、救いの呪法：戦いや悲しみ、悩みなどを取り除く助けとなる。
二、癒やしの呪法：医術を志す者に必要とされる。
三、敵への呪法：武器の刃をなまらせ、役に立たなくする。
四、解放の呪法：手足にされたいましめを、ほどいたり切ったりする。
五、矢止めの呪法：投げ槍などの飛び道具を、ひとにらみで落とす。
六、呪い返しの法：呪いによって受けた傷を、それ以上にして相手に返す。
七、鎮火の呪法：呪歌によって、火事の勢いをそぐ。
八、なだめの呪法：親しい者同士に起こった憎しみの感情をなだめる。
九、航海の呪法：海が荒れている時、風や波を鎮める。
十、退魔の呪法：幽体離脱した魔女を、元の身体に戻れないようにする。
十一、盾の呪法：戦士に勇気を与え、無事戦場から連れ戻す（盾にかける）。

十二、死人の呪法：ルーンの力で死者を動かし、話ができるようにする。
十三、守りの呪法：水でその身体を清め、剣の刃が通らないようにする。
十四、知識の呪法：神々や妖精達に関するすべての情報。
十五、小人の呪法：神々には力、妖精には栄華、オーディンには知恵を授ける。
十六、情愛の呪法：女性の心をとらえ、恋をかなえる。
十七、貞節の呪法：女性の心変わりを抑え、自分の元に留まるようにする。
十八、最後の呪法：オーディンだけが知っている奥義。

この多くは、オーディン自身によって人間にもたらされたとされています。まさに、ルーン魔術とは神の力を使うわざだったのです。

■魔術としてのルーン

普通長々とルーンを物に刻み込むのは、ルーン魔術としては本当の使い方ではなかったようです。オーディンの箴言の後半で、オーディン自身がルーンの本当の力とは見境なく無闇に刻むのではなく、効果のもっとも高い物の正確な場所に必要なルーンを刻むことであるといっています。

簡単にいえば、先にも書いたようにルーンにはそれぞれ固有の意味と効果があり、正しい場所に正しい方法で刻むことが大事だったのです。これによってたった一文字のルーンが、絶大な力を発揮することになるのです。つまり必要なルーンを一文字だけ刻めば、前に書いたような勇ましい名前など何文字も刻まなくても、強大な力を得ることができたのです。

また木などにたった一文字だけ刻めばいいなら、とっさの時にも簡単に使うことができます。これがルーン魔術の、本当の奥義だったのです。

しかしもちろんこれは緊急の場合のことで、もっと効果を期待したいならばさまざまな手順を踏むことが必要でした。ルーン魔術は、正式には次の八つの要素で成り立っています。

一、刻印：ルーンを刻みつけ、その祭器に魔力を込める技術的方法。

二、解読：用いようとするルーンに対する知識と理解。他者が刻んだルーンと、それに込められた魔力を解読する能力。

三、染色：刻まれたルーンに塗り込む染料と、その意味。

四、試行：ルーンに秘められた魔力を解放するための条件と、その方法。

五、祈願：ルーンとそのルーンを司る神に対する、願いを込めた祈り。

六、供犠：その神への信仰と感謝を表すための生贄を捧げる儀式。

七、送葬：生贄の魂を神のもとに送り出すための儀式。
八、破壊：使用後、あるいは使用前のルーン祭器を、安全に処理、または無力化するための方法。

もっとも、このすべてを行える魔術師はあまりいません。魔術師同士の対決ともなると、八つの要素に関する正確な知識の量が、その勝敗を左右するといえるでしょう。

ルーン魔術の実際

北欧で実行されていたと思われるルーン魔術には、癒やしのルーン、知恵のルーンなどさまざまなものがあります。しかし、刻む文字やその方法が残されているものは少なく、多くは名前やその効果だけしか伝わっていません。ここでは比較的よく知られているものを中心に、いくつかその例をあげてみたいと思います。

■勝利のルーン（↑）

もっともよく使われるルーン魔術でしょう。方法は剣の峰や血溝、柄などに、戦の神であるテュール（Tyr）のルーン（ᛏ）を刻んで、その名を二度叫びます。敵の血が剣のルーンに注ぎ込まれると、それが触媒となって魔力が発動するのです。より効果を期待したい場合は、上下に少しずらして二重三重に刻むこともあります（ᛏᛏ ᛏᛏᛏ）。

テュールは北欧の神々の中ではもっとも勇敢でもっとも強く、また戦場においては賢く立ち回るといわれています。テュールに祈ることによってその加護を受けた者は、その神力の一部を授かることができ、勝利を期待できます。

■麦酒のルーン

これは酒の中に毒物が混っていないかどうかを判定する方法です。このルーンを手の甲と杯に彫り、また爪にはナウシズのルーン（ᚾ）を刻みます。

このルーンに関する逸話が、『エギルのサガ』第四十四章にあるので少し引用してみましょう（谷口幸男訳）。

「………エギルは短刀を引き抜くと自分の手のひらに突き刺した。彼は角杯を手に取って、ルーン文字を刻みつけ、それに血を塗った。彼は次のように歌った。

角杯に　ルーンを刻めり　その文字を血もて赤く染めたり

猛き野牛の耳の樹（角）の根もとに　そのことばを選べり

浮かれ女のさすビールをば　好むままに飲まん　バールズが潔めしビール
　われのためになるやいなや　知りたし
するとと角杯は真っ二つに割れ、飲物は藁の上に流れた……」

■枝のルーン

傷を治すルーンで、医者が使いました。木の皮と、東に枝が伸びている樹木の葉にこのルーンを刻むと、身体の怪我が木に移るため、傷が癒えるのです。これは、オーディンの箴言・第二の呪法にあたります。

同様に病気を治すルーンもありますが、これは枕の下に置かれます。

■眠りのルーン

これは、命令にそむいて殺すべきではない人の命を取ってしまったヴァルキュリアが、オーディンによってかけられた魔術です。眠りの棘といわれるもので一刺しすると、彼女はこんこんと眠りだしました。そして、同時に彼女が身につけていた鎧はぴっちりと身体に張りつき、普通の方法では脱がすことができなくなってしまいました（鎧にルーンが彫られたのではないでしょうか）。

その鎧を剣で切り裂き、身体から剥ぎ取ってルーンの呪縛をうち破ったのが、かの有名な英雄シグルズ（ジークフリート）でした。ヴァルキュリアは彼に感謝し、自分の知っているルーンの秘密を明かしたのです。

またアイスランドに伝わる別の伝承では、眠りを表すSのルーン（ᛜ）を刻みつけた葉や木の枝を、髪の中や胸元に入れるという方法がとられています。術をかけられた者は、その葉や枝が取り去られないかぎり、目覚めることはないのです。

■呪詛のルーン

これは、今までのルーンとはかなり性格が違います。一文字で終わることは決してなく、普通、読んで意味の分るかなりの長文が刻まれます。もちろん、怨念と憎しみが込められています。人それぞれ復讐の方法が違うように、呪詛のルーンには、やり方がいく通りもあるようです。

前出のエギルの場合、彼は宿敵である血斧のエイリーク王の島が見渡せる場所にきて、切断した馬の首を突き刺したハシバミの棒を立て、呪いの言葉を叫びました。

「ここに侮辱の棒を立て、この侮辱をエイリーク王とグンヒルド王妃に向ける」

――エギルは馬の頭を島の奥に向けた。

「この侮辱をこの国に住む土地神に向ける。彼らすべてが、エイリーク王とグンヒルドを国外に追放せぬうちは、さまよって定住するところを何処にも見出せぬように」
それから彼は棒を岩の割れ目にさし込んでそこに突き立てた。馬の頭を島の奥の方に向けていたが、その棒にルーン文字を彫りつけ、それから先ほどの呪文のすべてを記した（『エギルのサガ』第五十七章　谷口幸男訳）。

これは見事に効果を発揮し、エイリーク王は英国の王によって国を追われ、二度とノルウェーに戻らず異国の土となりました。

また『グレッティルのサガ』のグレッティルは、老婆の呪いによって破滅しています。グレッティルに恨みを持つ老婆の魔法使いソールズは、海岸で拾った木の根にルーンを刻み、呪文を唱えます。この呪文を唱える方法は、ルーンを刻んだ木の根の回りを太陽とは逆の方向に回りながら唱えられました。そしてすべての儀式が終わってから木の根を海に投げ込み、ドラング島に流れついてグレッティルの災難となれと命じます。この木の根は、見事にドラング島に流れつきます。

さすがに豪傑グレッティルは不吉な予感を感じて、この木の根を二度も海に放り捨てます。しかし木の根はそのたび島に流れつき、普段は不精で仕事をしない下男が薪にしようと拾ってくるのです。

やがてグレッティルは、この木の根を薪にしようと不注意にも斧で切りつけます。すると斧の刃は、すべてグレッティルの膝を傷つけます。この傷はやがて悪化して満足に歩けなくなり、攻め込んできた敵にさしもの豪傑グレッティルも討ち取られてしまいます。

このようにルーン魔術の呪いは、避けているだけでは完全にその災いを逃れることはできません。グレッティルにはエギルのようなルーン魔術の知識がなかったので、それを避けることができなかったのでしょう。

■忘却のルーン

特定のことを忘れさせる作用があるルーンです。これによって、シグルズは先のヴァルキュリアと結婚する約束をしたのを忘れてしまい、別の王女と結ばれてしまいます。そしてそのことが元でシグルズは殺され、ヴァルキュリアもその後を追いました。後に一人残されたシグルズ未亡人は、周りの者の策略によってやはりこのルーンをかけられ、無理やりシグルズのことを忘れさせられたのです。

このルーンはたいてい酒と杯にしかけられました。『ヴォルスンガ・サガ』第三十四章に、これを歌った詩が載せられています（谷口幸男訳）。

「角杯の中には、あらゆる種類のルーンを　彫ったり　染めたりした木片――わたしには理解できないものでした――や　荒野の長い魚（蛇）

ハッディンギの国（海）の　刈られない穂（海草）　獣の内臓が入っていたビールの中には　多くの毒が混ぜられていた　あらゆる森の草　焼いた木の実　かまどの露（煤）　生贄にされた動物の内臓　煮た豚の肝臓——これは争いを鎮めるはたらきがあるというので」

■そのほかのルーン

波のルーン　：船の舳先と舵に彫る。波を鎮める。
言葉のルーン：布の中に織り込む。裁判で雄弁になり、不当な採決から逃れられる。
安産のルーン：手の平に彫り、妊婦の手足を握って女神達に祈る。
知恵のルーン：学び、解き、刻むことによってオーディンのような知恵を得ることができる。
不明のもの　：撫のルーン、力のルーン、真のルーン、永遠のルーン、生命のルーンetc.

■ルーンの誤用と、打ち消し方

ルーンはもともと、文字そのものに魔力が秘められているため、ほとんど魔術の知識がない者でもある程度の効果は期待できます。しかし、それは正しく刻まれた場合の話で、いいかげんにやると思わぬ弊害をもたらすことがあります。

エギルは、旅の途中で世話になった百姓の娘ヘルガの長患いを癒やす時にもルーン魔術を使っています。実はこの娘の病は、本当はそんなに悪いものではありませんでした。しかし多少ルーン魔術の心得のある近くの百姓息子が、ヘルガに好意を持ってもらおうとルーン魔術で病を癒やしてやろうとしたのです。悲しいかな、彼が刻んだルーンは間違いがあったのでヘルガの病はますます悪くなってしまったのです。

エギルはまず、最初に刻まれたルーンを探しました。そしてベッドの下で、魚の骨に刻まれた十文字のルーンを発見します。彼はそれを読み、間違った箇所を確認した後、完全にルーンを削って消してしまい、さらに火に投じて完全に燃やしてしまいます。

完全に燃えたことを確認すると、次に正しく刻んだルーンをヘルガのベッドのクッションの下に置きます。するとたちまち、ヘルガの病は治ってしまうのです。これは医療のルーンの効果を示す話です。

ここで大事なことは正しくルーンを使わなければ、時にはとんでもない効果を引き起こしてしまうということです。おそらく百姓息子が、もっと違った間違いをしていればヘルガは死んでしまったのかもしれません。エギルはこの後、正しく解くことのできる者以外はルーンを刻んではならないといっています。

もう一つここで大事なことは、ルーン魔術の効果を消すためには、刻まれたルーンを完全に消してしまわなければならないということです。

高度な魔術師ともなると、敵の放ったルーンを削り代えてその意味を変更してしまうこともできます。さらに高度な魔術師はそのルーンが途中誰かによって改ざんされたものであるかどうか判別することもでき、削り取られた部分の推測もある程度までなら可能です。

まとめとして

最初にルーン魔術を使っていたのは、北欧の女神達でした。このことがゲルマン民族やヴァイキングの間で、魔法は女性が使う技であり剣を振るう男性が関わるのは恥とされていた最大の理由でした。魔女ソールルズが、ルーン魔術を知っていることは、女性であるので当時としては当たり前のことです。

しかし豪傑エギルは勇敢な戦士であるにもかかわらず、ルーン魔術を使って数々の危機を乗り越えました。しかも彼は人々に尊敬される、本当の英雄だったのです。では、本当にルーン魔術を使う戦士は、軽蔑されたのでしょうか？

そんなことは、ありません。大事なことは、ルーン魔術の秘密というのは誰でも簡単には手に入れることができないということです。誰も恐れ近寄らない場所に一人で挑んだシグルズのように、真の勇気を持つ者にしかルーン魔術の秘密は明かされなかったのです。

また先にも書いたように戦士がルーン魔術を使う事が恥といわれるのは、勇気もない臆病者が魔術のみを頼りにすることが恥とされたのでしょう。剣の技術に優れ、戦いを恐れない勇気を持ったものが、時として神々から授けられたルーン魔術を使うことは誇りであり、恥ずかしいことではなかったのです。

遠い昔、すべての力を秘めていたルーン文字は、多くの人々によって使われていました。しかし文字が神秘を表す神聖な存在から、ただ見かけの物事を記録するために使われるようになると、簡単ですぐに使える文字が力を増していきました。

そして本当に力のある文字は人々に忘れられ、文字が秘めた秘密も一緒に失われてしまったのです。ルーン文字は正しい方法で彫られなければ、その強大な力を発揮することはありません。もはやルーン魔術の奥義は、失われてしまったのです。現在残っている多くのルーン文字は、ただ意味のない暗号となってしまいました。

しかしいつの日にか、もう一度人々が見かけではなく、すべての存在の本当の姿を知りたいと思った時には、再度文字が神秘の力を取り戻すかも知れません。その時にこそ、ルーン魔術は真の力を発揮することでしょう。

そして、もし貴方があらゆる事の真実の姿を見る力を持っているのなら、エッダやサガを読んでみましょう。ひょっとすると、ルーン魔術の奥義を読み取ることが、できるかも知れません。

ルーン以外の北欧の魔術

北欧の魔術師はたいてい女性です。彼女たちはヴォルヴァ（Völva 巫女）と呼ばれ、ルーン魔術以外にもセイズ魔術（seidhr）とか、ガンド魔術（gandr）とかいわれる術を心得ています。

セイズ魔術は自分をトランス状態にし、神々や祖先の霊を引き降ろす降霊術です。それによって死者から知識を得、予言などを行います。霊の依代となるヴォルヴァのほかにも、呪歌を歌い、呪文を唱える者が必要とされるため、たいていは複数で行われます。ヴォルヴァは霊と交流する際に、男女の交わりに匹敵するほどのエクスタシーをおぼえます。男が魔術師に向かない理由はそこにあります。北欧では、男がセイズ魔術を行うということは、同性愛を強いられるに等しいものがあるのです。

一方ガンド魔術は、最近のオカルトにおける幽体離脱にあたります。ガンドという言葉は、「杖」および「狼」という二つの意味を兼ね備えています。肉体を離れた魂は、「杖」に乗って空を飛んだり、「狼」やそのほかの鳥獣の姿をとって野を走り回ることができます。これによって、居ながらにして遙か遠くのことを知ることができるのです。

杖はヴォルヴァにとって必携のもので、魔力を集中したり放射したりする一種の触媒となっています。たいていは神聖なるトネリコの木が材料で、ルーンを刻んであることもしばしばです。ヴォルヴァは杖で殴るようなしぐさをして呪いをかけることができるとされますが、これもガンド魔術の中に含まれます。呪われたものは、その術を解かないかぎり、病にふせったり死んだりすることがあります。

杖以外にもいくつか必要なものがありますが、『〈赤毛〉のエイリークルのサガ』第四章に詳しい説明がありますので、少し引用してみましょう（清水育男訳）。

「その女予言者はこんな格好をしていた。上は紐つきの紺のマントを羽織り、マントの上からへりまで石がついている。首にはガラスのビーズの首飾りを巻いており、頭には小羊の黒の革のフードをかぶり、その裏地は猫の白い革が張ってある。手には握りのある杖を持っている。その握りには真鍮が施してあり、その上から下まで石がはめ込まれている。腰のまわりには火口《ほくち》をはさんだベルトを締め、それに大きな革袋がついている。その中には魔術を行うのに必要な道具が入れてある。足には毛むくじゃらの子牛革の靴を履き、靴の革紐は長く、両端に大きな錫のボタンがついている。手には猫の革の手袋をはめ、裏地は白で毛がふさふさしている」

四

占星術——Astrology

占星術

Astrology

さまざまな占いと占星術

占いにはさまざまな方法があります。亀の甲や動物の骨を焼いて、その割れ方に自然の摂理を読み取る者がいます。人相、手相などから、人の性格や将来を予測するのも一つの方法です。水晶玉や水面、炎などを見つめて自己催眠に入り、その瞑想の中から真実を探し出そうという試みもあります。死者を墓場から起こして、冥界について語らせることもできます。カードやぜい竹など、意味を持たせたパーツをランダムに引かせることで、運、不運を占うというのもいいでしょう。しかしこれらのものは、個人の霊能力や予兆を読み取る力に大きく左右されたり、偶然性が高くて何回も行うと意味がなくなったりします。

それに対して、占星術は学問です。誰でも行うことができ、天体という計算可能なものを基礎としているため、偶然の入り込む余地がありません。占星術師は、人がいかなる星の下に生まれたのかを調べ、星の運行によってその将来を予測する学者であり技術者といえます。そのため、占星術は古来からの天文観測技術の発達とそれに基づくデータの積み重ねが必要となります。

占星術の起源（メソポタミア）

■シュメール人の宇宙観

紀元前三〇〇〇年、シュメール人はチグリスとユーフラテスの二つの大河の間に絢爛たる文明を築き上げました。彼らが粘土板に残したクサビ形文字によって、我々はその一部を知ることができるわけですが、どうやら占星術の起源はそれ以前までさかのぼるようです。

シュメール人はすでに六十進法や十二進法を発明しており、月の周期や一年の長さ、さらに歳差運動の周期まで計算していました。歳差運動とは、地球の地軸がゆっくりと首振りする現象で、その周期は約二万五八〇〇年です（シュメール人は、約二万五九〇〇年と計算していました）。もちろんこの時代に地動説があったわけはなく、恒星が一周する周

期として捉えていたのだと思われます。この数万年に及ぶ周期は、何千年という記録を積み重ねなければとても分るものではなく、占星術の奥深さを感じさせます。もっとも、月の満ち欠けが記録されている三万二千年前の鹿の骨が発見されていることを思えば、占星術の歴史がいくら古くても驚くには値しないでしょう。

またシュメール人は、三柱の神と三つの惑星（占星術では、月、水星、金星、太陽、火星、木星、土星の七つの恒星／惑星／衛星を、みな区別せずに〝惑星〟と呼びます）とを同一視しました。すなわち、太陽神ウトゥ、月神ナンナル、金星の女神イナンナの三柱です。中でもイナンナは特に愛の女神として崇拝されていました。

■バビロニア人における七惑星と十二星座

紀元前二〇〇〇年頃、メソポタミアの支配権はシュメール人からバビロニア人に移りましたが、多くの文明は破壊されずに受け継がれました。バビロニアでは月の満ち欠けの周期二十九・五日を暦の基準とする、太陰暦が採用されています。一月は三十日、一年は十二ヶ月で三百六十日となり、ある五・二五日は閏月を設けて調整しました。またバベルの塔とも呼ばれるジッグラット（三〜七層の階段状ピラミッド）を建築し、天体観測に役立てていたようです。

現在も使われている占星術の基礎は、このころ定められました。バビロニア人（後期になってはカルディア人）は太陽、月、金星はもとより、残りの四つの惑星を司る新たな神をも決めました。次のようにです。

太陽	シャマシュ	昼の光
月	シン	夜の光
金星	イシュタル	愛と美の女神
水星	ナブ	智恵や文字の神であり、神々の書記官
火星	ネルガル	疫病や戦争などを司る神
木星	マルドゥク	主神

土　星　　ニニブ　　農業と医療の神

これらの神々の意味づけは、現在採用されているローマの神々まで、ほとんど異なるところがありません。特にイシュタルは、アスタルテ、アプロディーテと徐々に名前を変化させて、ギリシアまで持ち込まれたのです。

また、十二星座を最初に定めたのも彼らです。バビロニアの天地創造神話『エヌマ・エリシュ』の第五の石版にはこうあります（後藤光一郎訳）。

「それからかれ（主なるマルドゥーク）らは偉大な神々のために
落ち着き場所を設けた。
かれらの似姿であるそれぞれの星、十二宮の星座を置き、
一年を定め、基礎的割りふりをしてから、
十二月の月にそれぞれ三つの旬日の星座を配置した」

ただし、これらの星座が何の星座であったかはよく分っていません。

牡牛座があったことは確かなようです。有名な『ギルガメッシュ叙事詩』では、ギルガ

表1●惑星を司る神々の変遷

惑星	シュメール	バビロニア	エジプト	ギリシア	ローマ(現在)	象徴	印	金属
月	ナンナル	シン	コンス	セレネ	ルナ／アルテミス	反応	☽	銀
水星	(グドゥド)	ナブ	トート	ヘルメス	メルクリウス	理知	☿	水銀
金星	イナンナ	イシュタル	イシス	アプロディーテ	ウェヌス	情愛	♀	銅
太陽	ウトゥ	シャマシュ	ラー	ヘリオス	ソル／アポロン	光、力	☉	金
火星	(ムスタバッル)	ネルガル	セト	アレス	マルス	激動	♂	鉄
木星	(サグ・メ・ガル)	マルドゥク	オシリス	ゼウス	ユピテル	向上	♃	錫
土星	(サグ・ウシュ)	ニニブ	ホルス	クロノス	サトゥルヌス	時、実り	♄	鉛
天王星	——	——	——	(ウラノス)	ウラノス	革新	♅	——
海王星	——	——	——	(ポセイドン)	ネプトゥヌス	勘、未来	♆	——
冥王星	——	——	——	(プルトス)	プルトス	死、再生	♇	——

メッシュに侮辱されたイシュタル（金星）が、天の牡牛を地に引き降ろす逸話が出てきます。この時天の神アヌは、地上に七年の不作がやってくることを予告しました。この天の牡牛が牡牛座で、アヌの予告は神による一種の占星術でしょう。

また、蠍（さそり）座とその蠍を弓で射ようとしている蠍人座もあったようです。蠍人[*1]の姿はさまざまで、名前のとおり下半身が蠍で上半身が人間といったものから、半人半馬で翼と蠍の尾が生えているものまであります。この後者の姿が、現在の射手座に受け継がれていくことはいうまでもありません。

なお、星座の数は、十二の星座をさらに三分割して計三十六あったのではないかという説（矢島文夫）もあります。

■マケドニアの征服による占星術の伝播

紀元前六世紀、バビロニア（カルディア）はキュロス大王率いるアケメネス朝ペルシアの軍隊によって滅ぼされました。それによって、占星術は西洋へもたらされたのです（ただし、エジプトへはそれ以前に伝わっていました）。以後西洋の人々にとって、カルディア人といえばすなわち占星術師でした。

紀元前五世紀になると、占星術はさらに統合されていきます。表3を見ればお分りのように、この時代のカルディア人が決めた十二星座は、かなり今のものに近くなっています。ホロスコープ（出生時の天球図）が刻まれた最古の粘土板も発見されており（紀元前四〇九年のもの）、それには蠍、魚、牡牛、蟹、双子といった星座名が記されていました。

また、天体観測の起点となる春分点[*二]はこの時牡牛座にあったため、黄道十二宮は白羊宮から始まることになりました。しかし地球は歳差運動をしており、そのため春分点は天球上をわずかずつ移動していきます。十二宮を一回りする周期が二万五八〇〇年であることは前に述べましたが、これを星座の数で割ると、二一五〇年という数字が出ます。すなわち、春分点は二一五〇年で一つの星座からもう一つの星座へずれていくのです。二十世紀末までは、春分点（白羊宮の起点）は魚座にありましたが、現在では水瓶座にあります。したがって、本式の占星術ではつねに黄道十二宮の呼び名（白羊宮、金牛宮など）を用い、星座名[*三]（おひつじ座、おうし座など）は使用しません。

このように、紀元前五世紀において、占星術の重要な要素はほぼ出尽くしていました。ただ、人間の運命は星々（すなわち神々）によって決められており、変えることができないと思われていたことが、現在と違います。紀元前三世紀に生まれたストア哲学においてもこれは同様で、転回点を迎えるためには、さらに六百年の歳月を必要としたのです。

西欧での展開

紀元前後、占星術はローマで偉大なる導師を得ることができました。すなわちマルクス・マニリウス（Marcus Manilius　紀元前一～西暦一世紀）と、クラウディオス・プトレマイオス（Claudios Ptolemaios　西暦一〇〇～一七八）の二人です。

■マニリウスと男女宮・十二室

マニリウスはシリア生まれの奴隷で、後に解放されて占星術師兼詩人となりました。その思想は『アストロノミコン―星々の歌』という占星術詩集にまとめられています。彼は、占星術を個人だけではなく社会にまで適用させようと考えた最初の人物でした。地中海を中心とした国々にそれぞれ星座を当てはめ、星座による世界地図を作りあげる試みは獣帯地理学と呼ばれ、社会占星術の走りとなります。これによって、個人のみならず国の運命も、占星術によって予測できるようになったのです。

彼はまた、十二宮を昼の宮と夜の宮に区分しました。現在でもこれは昼→男、夜→女と置き代えられてそのまま使われています。奇数番目の宮（白羊宮、双子宮など）が男性の宮で、積極的および外面的な働きかけを表しています。女性の宮はその逆で、消極的および内面的な意味を持っているとされています。さらに十二宮が人体のどの部分を司るかを定義しましたが（占星術医学）、この考え方は後にパラケルススなどの医学者達に受け継がれていきます。

さて、天球は毎日ほぼ一回転します。すると時刻によってそれぞれの星座の位置が変わってくることになります。たとえば、午前六時に東の地平線にあった星座は正午には天頂に、夕方には西の地平線に、そして真夜中には天底に移動します。星座が現在どの位置にいるのかを規定するために、占星術では不動の地平線を基準にして空間を十二に区分します（これを十二室という）が、この基礎になる考え方が、やはりマニリウスの著書に表れています（表2参照）。

■プトレマイオスとアスペクト（座相）

一方プトレマイオスは、かのエジプトはプトレマイオス朝の末裔で、占星術と天文学を区別して扱った、初の人物といえましょう。天動説の大家は、これまで神々が住んでいた天界をいくつかの階層に分けました。第一の天球は月の天で、以下水星、金星、太陽、火星、木星、土星の七つの惑星の天球が、地球を中心とした同心円状に展開されます（そしてそのさらに向こうに、黄道十二宮のひかえる恒星天があります。ただしこれは、天界の数に入れないことが多いようです）。この七つの天という考えは西洋思想に大きな影響を与えました。キリスト教において天国への階段は七段あるといわれ、特に『黙示録』では七つの封印、七つのトランペット、七人の天使など七という数字が重要な意味を持っています。これも、占星術の影響といっていいでしょう。

プトレマイオスには、いくつか有名な著書があります。天文学では、一〇二二の恒星をおさめた『アルマゲスト—大星表』[*四]の刊行があげられます。占星術では、これまで決まった教本がなかったこの分野を、『テトラビブロス—四つの書』と呼ばれる四部の大作が学術的にまとめました。獣帯地理学では、占星術世界地図『コスモグラフィア』を描いています。『テトラビブロス』で新たに考えられた占星術の方法にアスペクト（座相）があります。アスペクトとは、地球から見た二つの星の間の角度のことです（表4参照）。プトレマイオスはこのアスペクトを恒星同士の角度にしか採用しませんでしたが、現在の占星術ではおもに惑星同士の角度を問題とするようになっています（これは十六世紀の天文学者ヨハネス・ケプラーの案によります）。

■プトレマイオス以後

この二人の哲人の後に加えられた考えには、十二宮をそれぞれ運動宮、不動宮、流動宮の三つに分ける考えと、地水火風の四つに分ける考えがあります。それ以外にも、ギリシア的考え方やエジプト的考え方などさまざまな思想が入り込みますが、もっとも大きな変更点は宿命論にありました。

これまで人間の運命は星によって決められており、変更できないものだとされていましたが、神や守護天使にすがることによって多少の変更が可能であるという考え方が、三世紀頃に現れてきたのです。これはヘルメス・トリスメギストス（妖術の項参照）の思想に由来するものです。そしてヘルメス学により、占星術はさらに錬金術とも結びつけられていきます。各惑星は、人間、国家だけではなく、金属まで司ることになるわけです。

これらの思想をまとめた占星学者が、四世紀の神学者ユリウス・フィルミクス・マテルヌス（Julius Firmicus Maternus）です。その著書『マテセオス（Matheseos）天体の数学』は、『テトラビブロス』と並ぶ古典占星術の教本として、広く伝わりました。

しかしそれ以後、キリスト教の諸魔術に対する弾圧によって、西洋占星術は長い冬の時代を迎える運命にありました。その秘術はかろうじて、諸学に対して寛容なイスラム社会に残されます。

紀元千年紀の占星術

■十字軍によるイスラム社会との接触

中世は、西洋社会の文明が停滞した暗黒時代でもあります。もちろん占星術にもそれはいえることで、十字軍によるイスラム社会との接触がなければ、その技術的向上は望めなかったと思われます。西洋が迷信の霧に閉ざされていた頃、イスラムではすでに地球が丸いことが発見されていました。プトレマイオスの『アルマゲスト』が再発見されて、アラビア語からラテン語に翻訳されたのは実に十二世紀のことです。

イスラム社会からもたらされた重要な考え方に、マクロコスモスである宇宙と、ミクロコスモスである人間がそれぞれ対応しているというものがあります。これによって、なぜ星によって人の運命が左右されるのかという理由づけがなされました。この理論は、現在でも占星術の主流となっています。

■ルネサンス期における占星術

時代の流れ、近代へのさきがけであるルネサンスは十六世紀に展開されました。この頃の占星術に関するトピックを少し拾ってみると、まず一五四三年、ニコラウス・コペルニクス（Nikolaus Koppernigk　一四七三〜一五四三）によって『天体の回転について』という地動説の著書が出版されました。彼は天動説による複雑な宇宙論（惑星の逆行現象を説明するために、何百もの架空の軌道が考え出されていた）に嫌気がさし、「神の造った宇宙はもっと整っていて、美しいはずだ」と考えて七つの軌道だけで説明できる地動説を発表したのです。出版当時この書物は何の反応も得られず、ギネスブック的な最低の売上でした。彼の地動説を証明して世間に広く知らしめたのは、ドイツのヨハネス・ケプラー（Johannes Kepler　一五七一〜一六三〇）です。その三法則は、惑星の軌道予測に大いに役に立ち、天文学だけではなく占星術にも貢献しています。前にも触れましたが、惑星と惑星のアスペクトを考え出したのも彼でした。また、医学や錬金術で有名なパラケルスス（錬金術の項参照）は占星医学を発展させ、オカルト学のアグリッパ（妖術の項参照）は現在も使われている十二宮のマークを考え出しました。ただ、占星術において忘れてはならない人物がもう一人、十六世紀のフランスにいました。そう、かの有名なノストラダムスです。

■予言者ノストラダムス

彼は本名を、ミシェル・ド・ノートルダム（Michel de Notre-Dame　一五〇三〜一五七七）といいます。ユダヤ人を両親にもつキリスト教徒でしたが、これは迫害から逃れるためにやむなくそうしたのであって、彼の本質はやはり異教徒だったようです。諸言語、数学、占星術、魔術、医学を学び、大学卒業後はペストの防疫に努めました。しかし、もちろん彼の業績は予言にありました。毎年発行した予言占星暦は驚くほど的中し、その名をかたりひと儲けしようとした偽者まで現れました。彼の予言方法は、占星術的であると同時に魔術的霊感的でもあります。『百詩篇集』[*五]は彼の予言詩を集めたものですが、その第一章一詩から二詩にこうあります。

真夜中に秘密の部屋に入り、ただ一人黄銅のいすに休んでいると
かすかな炎が、静寂の中から飛びはねるようにして
私にすばらしいことを告げる
神から授かった杖を手にもって、枝のまん中に置き
私の足と杖を水にひたす
私の手は畏敬でふるえながら、何かを待っている
すばらしいかな、天なるものの輝き

神の霊がそこにましますことは　（大乗和子訳）

これは、水を見つめることによって自分をトランス状態にする、水占いの一種だと思われます。彼はもともと霊感が強く、一目見ただけで将来王や法王となるべき人物を見分けました（法王シクストゥス五世、国王アンリ四世など）。それをさらに、占星術的方法で裏づけていたというのも強みでした。後にアンリ二世の王妃カトリーヌ・ド・メディシス*六に召しかかえられた彼は、アンリ二世以降四代でヴァロア朝が滅びることを、その悲惨な死にざまとともに予言し、的中させます。そして新たに、アンリ四世からブルボン朝が始まることも……。

彼の予言詩は、ひどくもったいぶったいい回しによって重要な点をぼかしてあり、それが実現するような状況が近づかないかぎり、真意が分らないようになっています。また、順番も編年にしたがわず、バラバラでした。いい予言ばかりではありませんでしたから、真実を明かせば多くの国や人から反感を買うことを知り、差し控えたのだと思われます。実際十六世紀は魔女狩りが盛んだったため、教会側ににらまれることは、すなわち死を意味していました。

この時代において、ノストラダムスは唯一成功した魔術師だったといえましょう。最初の結婚は不運でしたが（妻と子供をペストで失っている）、二度目の妻とは六人の子供をもうけ、フランス王家の寵愛を受けながら七十四歳の生涯をベッドの上で終えたのです。いえ、正確にはベッドから抜け出して、机のわきにあった腰掛けにもたれて。もちろん、それに関する予言詩もあります。

使命をはたし、王の贈与をたまわりては、
もはやなすことなく、神のみもとに赴かん。
近親者、友達、同胞（はらから）は、
寝台と腰掛の間（あわい）に死せる我をば見出さん

（澁澤龍彦訳）

これは死の十年以上前に書かれたものでした。遺言状によると、彼は妻子に、現金だけでも上質の古金貨で三四四四エキュという、当時にしては莫大なる財産を残したようです。ほかの多くの魔術師が、夢半ばにして横死を遂げたことを考えると、彼は恵まれ過ぎていたといわねばならないでしょう。彼は予言の真意を尋ねられたとき、こう答えてその場を逃れたと伝えられています。

「すべてを知ることは、危険でございます」

■天文学的発見と占星術

十七世紀初頭、望遠鏡の発明とともに天文学は旧来の占星術に別れを告げていきます。そして宇宙論も、プトレマイオス的な神々の住むものから、次第に無機質なものへと変化していきました。

そして一七八一年、ウイリアム・ハーシェル（F.W.Herschel　一七三八～一八二二）によって天王星（ウラヌス）が発見されたのを始めとして、一八四六年には海王星（ネプチューン）、一九三〇年には冥王星（プルート）が見つかりました。

これまで七つの惑星しかないと思われていた占星術にも、変革の時が来たのです。かくして現在では、この三つの外惑星を含む十星によって、人の運命は占われるようになりました。

ホロスコープ占星術

現在の占星術では、出生時の天球図（ホロスコープ）を作成することからすべてが始まります。そこから意味を読み取ることによって、人の運勢を占うのです。

前にも述べましたが、占星術の要素は次の四つに集約されます。

十二室
黄道（獣帯）十二宮
七（あるいは十）惑星
惑星と惑星の間の座相（アスペクト）

十二室は分野（性格、健康運、財産運など）を表し、それぞれの室に位置する黄道十二宮や惑星がその傾向（不運、幸運、そのほか）を表しているので、これによって人間の運勢が読み取れるわけです。このようにして得られたデータは、アスペクトの意味を加えることによってさらに精度を増します。

■十二室

恒星は毎日、東の地平線から昇って南の空でもっとも天高く位置し（これを南中という）、西の地平線に沈みます。こうした天体を観測し、その位置を記録するには不動の座標が必要です。

占星術は、天球を黄道にそって十二に分割し、その一つ一つを室（Domous）と呼んでいます。基準は東の地平線にあり、北（すなわち地平線の下）の方向に第一室、第二室と数えていきます。また、室と室の境界線のことをカスプといい、カスプに位置する惑星や星座は、次の室に入るとみなします（たとえば、第一室と第二室のカスプは第二室に属します）。

第一室から第六室は地平線の下にあり、事実上見えないことから主に本人の内面的個人的なことがらと関係してきます。大地は我々の足元にあって身近であることから、自分とあまり距離がないことがらとも関係してきます。

第七室から第十二室は地平線上にあり、目を上げれば空に見えますから、その人の友人や外部とのかかわりあいに関係してきます。天球は遠くにあるため、これらの室の意味は遠距離のことがらとも関係してきます。

また第一室から第六室は、第七室から第十二室とそれぞれ対応しています（たとえば、第四室が異性の親を司るとすると、第十室は同性の親を司ります）。それぞれの室が示唆するものは次のとおりです。

第一室と第七室

十二室の中では特に第一室が重要です。あなたが産声をあげたとき、地平線からまさに昇ろうとしていた宮（上昇宮）がこの室に来ているわけです。個人の基本的な特徴、すなわち容貌や性格がこの上昇宮によって決定します。対して第七室は、自分にかかわってくる人物（友人、配偶者、敵）などを示唆します。

表2●十二室

室	マニリウス	プトレマイオス	マテルヌス	現在使われている意味	対応する獣帯	対応する惑星	3区分
1	財産	ホロスコープ	生命全般の解明	個性、肉体、外見、運命	白羊宮	火星	基本方位アスケンデンス(上昇点)ASC
2	軍隊	冥府の門	天分、富、財産	財産、経済力、金銭感覚	金牛宮	金星	不吉の室
3	市民的仕事	女神	きょうだい	知性、兄弟、近距離伝達	双子宮	水星	吉の室
4	裁判	天底	両親との関係	家庭、異性の親、晩年	巨蟹宮	月	基本方位イームム・コエリー(天底)IC
5	結婚	幸運	子供運	愛、創造、道楽、芸術	獅子宮	太陽	吉の室
6	富	不運	健康	仕事、健康運、雇用関係	処女宮	水星	不吉の室
7	危険	西天	妻	結婚、対人関係、敵と友人	天秤宮	金星	基本方位デスケンデンス(下降点)DES
8	高貴さ	死の始まり	死	死、性、遺産、霊能力	天蠍宮	火星／冥王星	不吉の室
9	子供たち	神	宗教、旅行	精神、宗教、遠距離伝達	人馬宮	木星	吉の室
10	家族	天頂	権勢	業績、地位、同性の親	磨羯宮	土星	基本方位メダン・コエリー(天頂)MC
11	健康	善魔	幸福	友情、願望、所属する団体	宝瓶宮	土星／天王星	吉の室
12	願望	悪魔	不幸	障害、秘密、潜在意識	双魚宮	木星／海王星	不吉の室

第二室と第八室

どちらも財産に関係しています。ただし、第二室は本人が生み出すことができる富に関係し、第八室は自分の都合では動いてくれない財産、遺産などを象徴しています。遺産に関係して、祖先や死、再生、性なども第八室の領分です。

第三室と第九室

情報交換を意味します。第三室は比較的近距離の伝達を表し、小旅行、手紙や電話などのやりとりなどを意味しています。また、親を除いてもっとも身近に情報を伝達できる人間は兄弟姉妹ですから、これをも象徴しています。対して第九室は、長期の旅行や移住などを示します。

情報伝達には頭を使いますから、この二つの室は知性や精神性をも意味します。哲学、執筆活動などは個人的な面を意味する第三室に、宗教、出版などは第九室に表されます。

第四室と第十室

自分を取り巻く環境にかかわっています。第四室は家庭環境を表し、これによって自分の晩年も暗示されます。第十室は社会環境で、身分や地位、権力、業績などを意味します。またこれらの宮には両親が表され、比較的身近な異性の親は第四室に、同性の親は第十室に象徴されます。

第五室と第十一室

どちらも幸運に関係しています。第五室は自分自身による創造を司り、愛、およびその結果生まれてくる子供（この二つは、必ずしも結婚を伴う必要はありません）、芸術などを意味しています。第十一室は他人との間で作りあげるもので、友情、サークル活動などを表します。

第六室と第十二室

どちらかといえば不の意味を表します。第六室は仕事や雇用関係を意味しますが、この間には奉仕の二文字が存在します。耐えたり、忍んだりする能力を意味しているのです。また、健康運（特に病気）も、肉体の耐性という意味でこの第六室に象徴されます。第十二室には障害が表れます。その個人をおとしめようと暗躍する動きを象徴していますが、同時に目に見えないものなら良いものも悪いものもこの室で判断されます。

■黄道（獣帯）十二宮

天空八十八星座のうち、太陽の通り道である黄道をよぎる星座は十二ありました。この多くが獣の姿をした星座であるため、黄道十二宮は別名獣帯（ゾディアコス）といいます。
　それぞれの宮の意味を知るには、表3で示した2区分、3区分、4区分の意味を複合するとともに星座のもとになった神話や獣達の姿を思い出してみるとよいでしょう。

白羊宮

　男性星座で運動と火に属しますから、すべての意味が強め合って非常に活動的な意味を持ちます。ただこの活動力が、時として乱暴や独善につながるおそれがあります。白羊宮（おひつじ座）は、イアソン率いるアルゴ探検隊が求めた金毛の羊を表しています。これは空を飛び、人語を解する不思議な羊で、テーバイ王カドモスの息子を後妻の手から救ってコルキスの国まで運びました。白羊宮は、身体の中では顔や頭を司ります。

金牛宮

　女性星座で不動と大地に属しますから、多くの意味で女性的です。優雅で忍耐強い、反面おっとりしているというようにです。また、女性的な面は豊饒や創造的活動を保証します。身体では首や喉を司ります。金牛宮は普通、ゼウスがフェニキアの王女であるエウロペ[*七]を牡牛の姿になって誘惑した姿だとされています。別の説では嫉妬深いヘラに姿を変えられた河の神の娘イオであるとされています。こちらの方が、占星術のイメージに近いで

表3●黄道(獣帯)十二宮

宮	標準期間	カルディア	ローマ	漢訳	星座	支配星	象徴	印	2分	3分	4分
1	3/21～4/20	労働者	アリエス	白羊宮	おひつじ座	火星	意志力、指導	♈	男	運動	火
2	4/21～5/21	星と天の牡牛	タウルス	金牛宮	おうし座	金星	豊饒、創造	♉	女	不動	地
3	5/22～6/21	牧者と双子	ゲミニ	双子宮	ふたご座	水星	両面価値、智恵	♊	男	流動	風
4	6/22～7/23	亀	カンケル	巨蟹宮	かに座	月	支え、命、冥界	♋	女	運動	水
5	7/24～8/23	大犬、獅子	レオ	獅子宮	しし座	太陽	権威、力、輝き	♌	男	不動	火
6	8/24～9/23	耳の尖った処女	ウィルゴ	処女宮	おとめ座	水星	批判、道徳、楽園	♍	女	流動	地
7	9/24～10/23	ジバニトゥム*	リブラ	天秤宮	てんびん座	金星	正義、審判、美	♎	男	運動	風
8	10/24～11/22	蠍	スコルピウス	天蠍宮	さそり座	火星／冥王星	不死、英知	♏	女	不動	水
9	11/23～12/22	蠍の尾、蠍人	サギタリウス	人馬宮	いて座	木星	理性/感情、自由	♐	男	流動	火
10	12/23～1/20	山羊魚	カプリコルヌス	磨羯宮	やぎ座	土星	栄華、熱望	♑	女	運動	地
11	1/21～2/19	大星	アクアリウス	宝瓶宮	みずがめ座	土星／天王星	浄化、独立	♒	男	不動	風
12	2/20～3/20	星と魚群	ピスケス	双魚宮	うお座	木星／海王星	霊魂、新生	♓	女	流動	水

＊　意味不明

しょう。イオは砂に自分の名を書いて父親に知らせましたが、アルゴスというたくさんの目をもった夜も眠らない怪物に守られていたため近づくことができません。そこでイオに執心のゼウスはヘルメスをつかわし、美しい笛の音でアルゴスのすべての目を眠らせて打ち取らせて彼女を解放しました。

双子宮

スパルタの王妃レダにゼウスが生ませた双子の男子カストルとポルックスを表しています。二人は航海の守り神とされ、アルゴ探検隊を始め多くの冒険にも参加しました。タロスの足の栓を抜いて大海に倒したのも、彼らだったとされています。彼らは常に一緒に行動し、カストルが戦死したとき、不死身だったポルックスは一緒に死なせてくれるように神々に祈って、その願いはかなえられたとされています。この宮は、双子に表される二面性を特徴とします。情熱と平静、活動と思索といった両面です。また流動と風に属しますから、冷静さ、情報伝達（話術など）に優れていることを表します。これは同時に知性と知識に対する意欲をも表しています。身体では胸や肺や腕に対応しています。

巨蟹宮

夜空を見ると蟹というよりはザリガニといったかっこうをしています。ギリシアではヒドラ退治をしていたヘラクレスに襲いかかった大蟹だとされていますが、バビロニアなどでは大地を支えている大亀を表していました。したがって、巨蟹宮の基本的な意味は支えることに関係があります。水と女性と運動の組み合わせは子宮や冥界を暗示し、新しい命を出す力を象徴します。蟹にしろ亀にしろ、殻にこもって自分を守ることから、保守性や保護意識が強いでしょう。身体では胃や乳房に関係します。

獅子宮

二つ目の火の星座ですが、不動に属していることが白羊宮とは違います。神話ではヘラクレスによってその獅子の皮をはいで身にまとったとされ、そういう意味では、ヘラクレスは獅子の力を引き継いだと考えられます。この宮は文字通り、力そのものを象徴します。しかも不動の要素に対応しているので、その力は方向のない暴力よりも、しっかりした権力へと移行します。ヘラクレスの武勲は、自己顕示欲、勇気、尊大、強情、意志の強さなどにつながっています。身体では心臓や血管を司っています。

処女宮

ギリシアでは豊饒の大地の女神デメテルの姿であるとされ、エジプトではイシスであるとされています。処女は、男を必要としない独立性を表し、また不正や汚いものを憎む潔

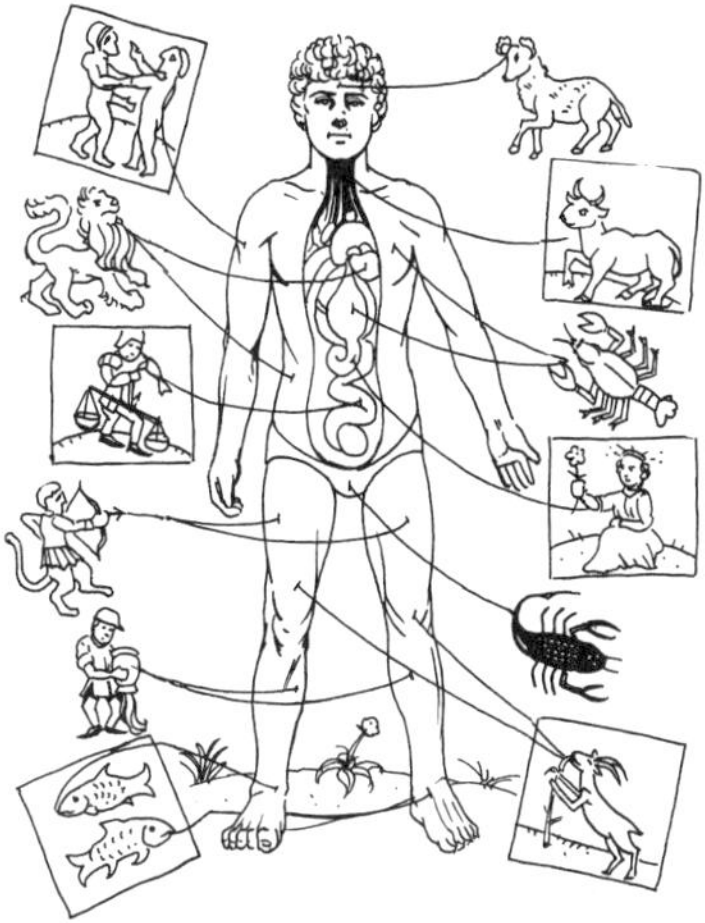

癖さを意味します。美しいもの、特に知的なもの精神的なものを好み、その方面に優れています。腹や消化器官を司っています。

天秤宮

鎧に身を包んだ女神アストレアで、片手に不正を裁く剣を持ち、もう一方の手には善と悪をはかりにかける天秤を持っています。彼女は正義の女神ともいわれ、不正をしないために目隠しをした姿で描かれることもあります。公平、平衡、中庸、理性と感情の均衡などを表しています。ただし自分が裁き主であるという意識は、独善的なものをもたらしがちで、嫉妬などにもつながります。身体では腰や腎臓と対応します。

天蠍宮

蠍が小さく無害な身体の中に毒を秘めているように、天蠍宮は秘められた力を象徴します。「だれもおれにかなうものはない」と豪語していたオリオンがサソリの一刺しで死んだように、天蠍宮の表面上のカラしか見ていないものは後でひどい目に遭うでしょう。この宮は内にためた力を一気に放出する力を持っています。毒を持っていながら、自らその毒におぼれることがないことから、不死をも表します。身体では、生殖器や泌尿器を司ります。

人馬宮

双子宮同様二面価値的な星座です。馬に象徴される感情や本能主体の考え方と、人間に象徴される理性や知恵が、一つの身体の中で戦い合っているのです。ギリシアでは、ケンタウロス族の中で唯一の知恵者であったケイロンの姿だとされています。ケイロンはアキレウス、イアソン、ヘラクレスといった英雄の師です。不死身だったのですが、ヘラクレスがあやまって射たヒドラの毒を塗った矢を受けてしまい、永劫の苦しみにさらされます。ケイロンはこのまま苦しむのは耐えられないといって、神々に頼んで死をさずけてもらいました。火と流動が司る人馬宮は、冒険を求めてさまざまなところへ旅することを意味します。身体の中では臀部と大腿部に対応します。

磨羯宮

魚の尾を持った羊の姿をしています。ギリシアでは牧羊神パンが、テュポーンという怪物におどかされたときに、下半身だけ魚に変身して河に逃げた姿だとされています（パンは笛を吹きながら陽気に野原を踊り回る神です）。逃げるにしても上半身は陸に適応した姿のままという、この象徴的な姿は、忍耐力や粘り強さを表します。大地と運動の要素が表すように、この人間の活動は地にしっかり足が着いているため、実務能力の高さを示しています。反面、遊びに関する理解があまりないことと、自己主義に陥りやすいことがあげられます。身体面では膝や関節、骨格などに対応します。

宝瓶宮

ギリシアではトロイの美少年ガニメデになっており、ゼウスに気に入られて天界に連れ去られて神々に御酌をしていますが、バビロニアなどでは一方からもう一方の水瓶に、水を移す女神（または天使）のことです。この水はノアの洪水に比べられるように浄化の働きを表し、既成の生き方を嫌って新しいものにどんどん取り組んでいく理想主義者の姿を見ることができます。また一滴もこぼさずに水を移す姿から、節制をも象徴しています。身体的には脛やくるぶしを司っています。

双魚宮

糸でつながった二匹の魚の姿をしています。やはり二面的な部分があり、表情と心が常に一致するとは限りません。水面下の魚の心を、誰が知るでしょう？　その心は、普通の人の興味の対象外である霊的なものに向けられることがしばしばです。魚はイエス＝キリストの象徴でもあります。これは、死んで再び生き返る、再生の力をも意味します。身体的にはくるぶしから下や足の裏を司ります。ギリシアではテュポーンに襲われたアプロディーテとその息子であるエロスが、河に逃げ込むために変身したその姿だとされています。

■惑星

惑星は、シュメールの時代から神々の住み家でした。四千年を通じて、惑星の象徴する意味はあまり変化がありません。

月

太陽の光を反射して光っているため、象徴的には鏡を表しています。そこから反射、反応、変化などを意味するようになり、また太陽に対する陰のような存在ということから、受け身や感受性などともつながります。反射のきらめきは、金属の銀を表します。男性のホロスコープの中にある月の位置によって、配偶者を予測することができます。月と女性の月経周期の関係は昔からよくいわれていますが、最近では満月と新月の時がもっとも月の潮汐力が強くなることが確かめられて、それは人体に影響する（出産や殺人などが多くなる）というデータが集められつつあります。満月の夜に変身する狼男の謎も、この月の潮汐力にあったのかもしれません。

水星
古くから知性や魔術の神に結びつけられてきました。これにかかわる情報伝達や理性も、水星の管轄です。ホロスコープ中の水星の位置で、本人の知性にかかわることを読み取ることができます。また、ヘルメスを代表とするこれらの神々は、書記官であったためにさまざまな場所を飛び回ります。このため、水星には流動や流通、取引という意味もあります。水星の司る金属は、やはり流動する水銀です。

金星
愛と情欲の女神が治めます。彼女は美の化身であり、理性の水星に対して、感情に訴えかけます。平和、財産、恋人を意味し、すべての調和を求める星です。司る金属は銅です。♀のしるしが金星と女性共通のマークであるように、金星は女性的な星です。男性のホロスコープの中にある金星の位置で、愛情の運を判断します。

太陽

すべての光と力の根源であり、生命のシンボルです。太陽がある宮は、上昇宮とともにその人の基本的な性格を示しています。女性のホロスコープでは、太陽は配偶者をも意味します。もちろん、金属は金に対応します。

火星

戦や疫病の神の座です。冥王星が発見されるまでは、死の意味をも担っていました。その色は赤い血の色です。積極的な活動を表し、闘争や性を象徴します。これは、♂のマークが示すように、金星とは逆の非常に男性的な星です。女性の愛情運は火星で判断します。火星の司る金属は、戦をもたらす剣などの材料である鉄です。

木星

常に主神の御座でした。これは、成功、発展、上昇、拡大などの意味をもち、また主神としての他者への保護をもたらします。金属は錫を司ります。

土星
古典占星術の最後の惑星です。遠くでかすかに光っている姿は、老年を思わせます。熟成、忍耐、時などを意味します。時は制限につながり、試練にもつながります。金属としては鉛が該当します。

天王星
近世あらたに見つかった惑星の中ではもっとも早く、そのことは革新や飛躍、変化などの意味をもたらします。

海王星
底の見えない海との連関から、目に見えないもの、すなわち未来、幻想、勘、秘密などを意味します。

冥王星
その名の通り死を表しますが、これは新たな生へとつながります。太陽系最果ての星という連想から、ものごとの極限状態を表します。

表4●主要アスペクト(座相)表

アスペクト	意味	角度	はたらき	印
コンユンクティオー	合	0°〜9°	両惑星の意味が、強調しあう	☌
オポシティオー	衝	171°〜189°	最悪の座相 対立、反発	☍
クワルトゥス	4/1	81°〜99°	乗り越えるべき試練	□
トリヌス	3/1	111°〜129°	幸運を導く最良の座相	△
セクストゥス	6/1	54°〜66°	つかむべきチャンス	⚹
パラレル*	並行	0°〜1°	コンユンクティオーに同じ	P

＊惑星の赤緯(天球上の緯度)が同じ座相のこと

■アスペクト

アスペクトの考え方は、惑星同士の重力関係で考えることができます。コンユンクティオー（合、零度）では重力が強め合うので、惑星の意味も強め合います。

一方オポシティオー（衝、百八十度）では、地球は左右から引っ張られることになり、非常に不安定で、したがって凶のアスペクトとなります。オポシティオーを二分した九十度（クワルトゥス）や、四分した四十五度のアスペクトも同様に凶ですが、それぞれ前者より意味が弱まります。

トリヌス（百二十度）は吉のアスペクトで、互いにトリヌスな三つの惑星は、美しい正三角形を形成します。これをさらに二分した六十度（セクストゥス）や四分した三十度も吉座相ですが、やはりだんだん意味が弱まっていきます。

■ホロスコープによる未来予知

さて、ホロスコープの概説を終えたところで、人生の特定の時期に何が起こるのか判定する方法を見てみましょう。これは一般に進行座相法と呼ばれます。ホロスコープの一日は人生の一ヶ月に相当するという考え方から、知りたい年齢に相当する日付の惑星の位置を、誕生時のホロスコープの外側に書き入れます。この惑星の位置と、誕生時の惑星が作るアスペクト（座相）で、その年に起きる事件を予想するのです。この作図は大変ですから、日進法や月進法といって、太陽や月だけを動かして判定する簡易法も用いられます。

ホロスコープ作成法

現在では、パーソナル・コンピュータのプログラムとして占星術用のソフトが市販されていますから、それを利用するのがもっとも早く正確な方法といえましょう。また、石川源晃の『[実習] 占星学入門』や、ルル・ラブアの『占星学の見方』などでは、専門の資料などを使わなくてもできる占星術の実際が載せられていますので、お勧めします。ただどの方法を使うにしても、ホロスコープの作り方は以下のような手順で進められています。

まず洋書取扱専門店に行って室項表（Table of Houses）と天文歴（Ephemeris）を揃えてください。室項表というのは、特定の経度の特定の時間に、十二室それぞれの境界線（カスプ）が何宮の何度にあるかを示したもので、一冊あれば充分です。天文歴は、特定の年の特定の日に、惑星が何宮にいるかを示したもので、年ごとに一冊になっていますから、該当者の誕生年のものが必要になります。どちらもラファエルのものが有名です。それから、その人の生年月日と生まれた時刻、および出生地を確認します。基本的にはこのデータだけですべてが決まるわけですから、なるべく正確なものを使用してください（日本の場合、たいてい母子手帳に出生時まで正確に書かれているはずです）。

この出生時を世界共通のGMT（グリニッジ標準時。経度零度にあるロンドンのグリニッジ天文台を基準にした国際時間単位）に変換しなければなりません。日本の時間は東経百三十五度にある明石市を基準に決めています。地球は三百六十度一周するのに二十四時間かかりますから、グリニッジから一度東へずれるごとにプラス四分の時差があります。よって（四分×一三五＝五四〇分＝九時間）となり、GMTは日本時間から九時間マイナスすれば計算できます。

さて、われわれが一般に使っている一日という単位は、これは二十四時間です。しかし、恒星（天球といってもいい）の周期は二十三時間五十六分〇四秒〇九で、これを基準にした時間を「恒星日（ST）」といいます。ホロスコープを出すために使用する天文歴や室項表は、恒星日をもとにしていますから、GMTをSTに変換しなければなりません。天文歴には、毎日の正午におけるSTが載っていますから、その人のGMTが正午でない場合は、その差を加減しなければなりません。たとえばGMTが午前十時二十三分の人は、記載のSTからマイナス一時間三十七分します。

後はこのSTを、自分の生まれた土地の恒星時（LST）に直せば、ホロスコープを作る準備はできたことになります。出身地の経度を出し、例によって一度で四分の時差を考えて加減してください（東京は東経百三十九度四十五分にありますから、時差はプラス九時間十九分です）。

このLSTを室項表で参照すると、十二宮がどの室にあるかが分り、天文歴では惑星の位置が分るため、これによってホロスコープを描くことができます。

■占星術の未来について

一九九九年の七ヶ月
天から驚くほど強い、恐ろしい王がやってきて
アンゴルモアの大王をよみがえらせ
その前後火星はほどよく統治するだろう

『百詩篇集』第十書七十二詩の抜粋です（大乗和子訳）。二十世紀末をこれほど騒がせた予言はありません。

当時は、ホロスコープ的にもグランドクロス（ほとんどの惑星が凶角である百八十度や九十度になること）を形成しており、最悪の状態でした。また世紀末でもあり、神の千年紀が終わりを告げるときでもありました。

このため、世界は終わると信じて貯金を全部使ってしまう人まで現れる始末でした。

しかし、この予言をよく読むと、世界が破滅するなどとは一言も書かれていません。発生する事件は、恐ろしい王が来ること、アジア（アンゴルモアとは、おそらくモンゴルのことで、当時のヨーロッパ人にとってはアジア全てのことでした）の大王がよみがえることだけです。

読みようによっては、アジアの王（と言えば、おそらく中国のことでしょう）が復活することの予言とも読めるのです。

そして、その前後の頃には、火星（戦争好きの…と言えば、アメリカでしょうか）の統治がうまくいくと言っています。確かに、二〇〇一年の航空機テロまでは、アメリカは唯一の超大国として、絶頂を極めていました。

かのように、ノストラダムスの予言は、解釈が困難で、残念ながら正しく解釈してあらかじめ備えておく役には立ちそうもありません。

では、占星術はどうなのでしょうか。二十一世紀は、春分点が双魚宮から宝瓶宮へと移り、いわゆるアクエリアン・エイジが始まります。

この宝瓶宮は浄化の宮でもあり、古き澱んだ時代を新しき水で流し去り、新たなパラダイムへと移行する意味を持ちます。その新しき水の流れがどのようなものなのか。新たな科学の発達なのか、それとも人類の精神的変化なのかは、分かりません。

このような新しき時代に、占星術はどのように対応していくのでしょうか。

それこそ、スペースコロニーで子供が生まれる時代になったとき、その子供のホロスコープはいかなる方法で作ればよいのでしょうか。さらに遠く、太陽系の他惑星で生まれた子供は。

いずれ、占星術もこのような問いにも答えなければならない時がやって来ます。それによって、占星術が単なるまやかしなのか、それとも理論はまだ分からないものの何らかの学問たり得るのか、それが決まるでしょう。

占星術の未来は、まだ定まっていないのです。

＊一　蠍人　バビロニアの言葉ではパ・ビル・サグといいます。意味は蠍の尾、あるいは針です。したがって人馬の形をしていても、尾が蠍ならりっぱにパ・ビル・サグと呼べるのです。カルディア時代には、略してパ・ビルとかパとか呼ばれたようです（野尻抱影『星の民族学』より）。

＊二　春分点　天の黄道（太陽が天球を動く道筋）と赤道が交わる二点のうち、春分に太陽が横切る方。

＊三　星座名　よく週刊誌などで見かける表現ですが、それはあくまでもただの星占いであり、占星術とは異なるものです。

＊四　アルマゲスト　アルマゲストはアラビアでの呼び名です。本来ギリシア語ではメガレシンタキシス（大星表）といったのですが、キリスト教の弾圧によって消失してしまいました。しかし運よくアラビアに伝わっていたため、後年西洋に逆輸入されて、アルマゲストと呼ばれるようになったのです。

＊五　百詩篇集　『ミシェル・ノストラダムスの予言』。『百詩篇集』は通称です。日本では『諸世紀』と呼ばれることもありますが、これは誤訳です。

＊六　大方の予想に反して、ノストラダムスはその予言の才能をかわれて宮廷に迎え入れられたのではありません。彼が出していた『化粧用品、果物砂糖煮について』という実用書が評判となり、カトリーヌ・ド・メディシスに気に入られたのです（山内雅夫『占星術の世界』より）。

＊七　エウロペ　彼女からヨーロッパの名がとられたといわれます。牛に化けたゼウスとエウロペの赴いた地がヨーロッパなのです。

五

カバラ——Qabbala

カバラ
Qabbala

魔法、錬金術、神秘学、そのほか多くの古代の秘法と呼ばれる技術、すべてのもととなったといわれる秘術、それがカバラです。カバラは秘術だけでなく、占星術、人相学、哲学に至るまで神秘の力を及ぼしているのです。

そのカバラの秘法は、いつ頃、一体誰によって人々に知られるようになったのでしょう。カバラの秘法によって、いかなることが可能となるのでしょう。

神より伝授された秘法、カバラ

数々の奇跡を行い、ユダヤの民を導きエジプトを脱出するために、大海を真っ二つに割り、道を見出したといわれる超人モーゼ。神から十戒を授かった偉大なる予言者として、その名は知られています。

ユダヤの神秘家達によれば、モーゼは聖なるシナイ山に三度登り、最初の四十日に十戒を授かり、次の四十日に律法の魂を授けられました。そして最後の四十日に律法の魂の魂、すなわちカバラを授かったといいます。

このカバラの奥義をモーゼは、旧約聖書といわれるモーゼ五書『創世記』、『出エジプト記』、『レビ記』、『民数記』、『申命記』の中の最初の四巻に著しました。

このモーゼ五書以外にも、後に書かれたカバラの大教典と呼ばれる書物として『セフェール・イエツィラー（sefer Y'izira―創造の書）』、『セフェール・ハ・ゾハール（sefer ha zohar―光輝の書）』、『アポクリファ（Apocrypha―旧約聖書外典）』があります。

また書物だけでなく、カバラの秘術は多くの象徴的図版などによっても示されています。特に後で説明する「セフィロトの樹」などが有名です。

秘術といいながら書物にされているのはおかしいと思う方もいるでしょう。確かに多くのカバラの秘術を書いた書物が出版されています。ですがそれらの書物を普通に読んでも、カバラの秘術を解き明かすことはできないのです。

なぜならカバラの秘術は、それらの書物の文章に暗号として組み込まれているからです。暗号を解く方法を知らないまま、ただ書物を読んでも秘術を知ることはできないのです。そのため書物となっていてもカバラの秘密は万人に公開されているわけではないのです。

暗号を解く方法を知り、学問を学び、世界に奉仕する心を持ち、精神を高める修業をした者だけが、カバラの秘術を自由に使えるようになるのです。そしてカバラの秘術を探究し、それを解明しようとする者達を、カバリストと呼びます。

秘術の源、「セフィロトの樹」

カバラの秘術を使うためには、その奥義を学び、秘められた情報を正しく読み取らねばなりません。そのための手段の説明として、そしてカバラの神秘の奥義と真理を秘めているといわれる図形に、「セフィロトの樹（Sephirothic tree）」と呼ばれるものがあります（百二十二ページの図参照）。

これは輝くセフィロトと呼ばれる十個の球体が三本の柱に配置され、それを二十二の径が結んでいる図形です。セフィロトの球体には、1〜10までの数値がそれぞれ割り当てられています。セフィロトの球体を支える柱は、右が慈悲の柱と呼ばれ、左が峻厳の柱と呼ばれています。そして真ん中の柱は、左右の柱を調和させる中庸の柱と呼ばれています。

またこの三本の柱は、知恵、剛毅、美を司っているともいわれます。

セフィロトの球体を結んでいる二十二の径は、ヘブライ語のアルファベットであり、一説によればタロットの象徴的なカード、大アルカナに対応しているといいます。

このセフィロトの球体が持つ1〜10の数と、二十二の径に対応するアルファベットを合わせると三十二の数ができます。この三十二という数こそ、カバラの秘術を解き明かすのに必要な「知恵の径」と呼ばれる重要な鍵なのです。

セフィロトの樹

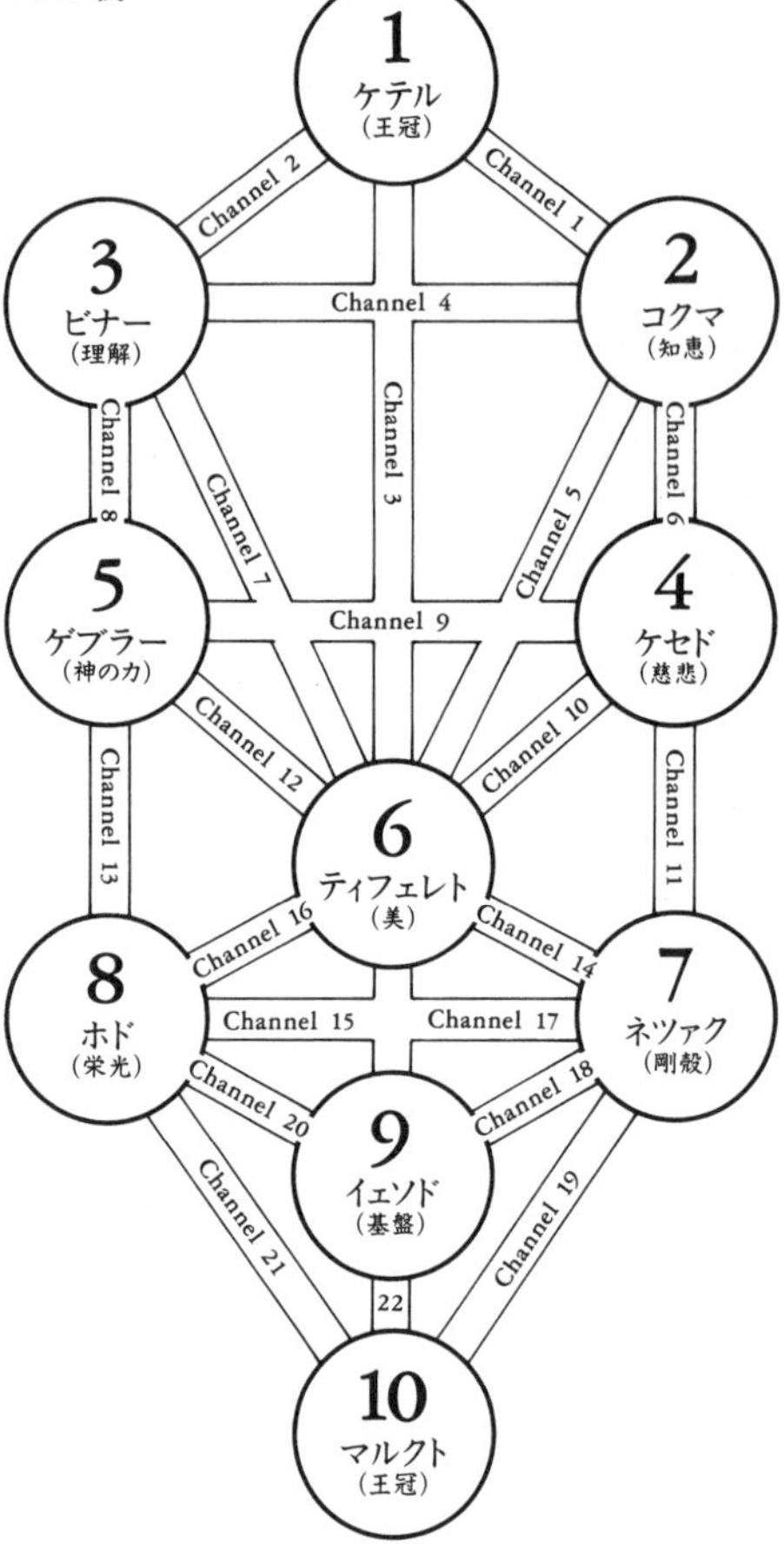
1
ケテル
(王冠)
2
コクマ
(知恵)
3
ビナー
(理解)
4
ケセド
(慈悲)
5
ゲブラー
(神の力)
6
ティフェレト
(美)
7
ネツァク
(剛毅)
8
ホド
(栄光)
9
イェソド
(基盤)
10
マルクト
(王冠)
Channel 1
Channel 2
Channel 3
Channel 4
Channel 5
Channel 6
Channel 7
Channel 8
Channel 9
Channel 10
Channel 11
Channel 12
Channel 13
Channel 14
Channel 15
Channel 16
Channel 17
Channel 18
Channel 19
Channel 20
Channel 21
22

神はこの「セフィロトの樹」を四本作り、宇宙を四つの階層に分けたといいます。まず最上界はアツィルト（神性界）と呼ばれます。ここは神の属性であり完全な世界です。この世界に神は、自らの姿に似せて天上の人間を造ったのです。

この天上の人間はアダム・カドモンと呼ばれ、知性、情緒、意思、活動力はすべて完璧であり、その意識は至福に満たされています。この存在こそ、全人類の精神集合体ともいうべきものなのです。

第二界層は、ベリアー（創造界）と呼ばれています。この階層に降りると、完全に一つであったアダム・カドモンは、無数の個性を持った魂に分裂してしまいます。この階層において初めて素晴らしい個性が生じるのですが、それと同時に悲しいことに他人という存在も生じてしまうのです。ここには大天使が存在しているといわれています。

そして第三階層のイェツィラー（形成界）に降りた時、魂は個性のほかに男女の区別を持つのです。ここは聖書などで、エデンの園と呼んでいる場所ともいわれ、天使が存在しているといわれています。

最後に第四階層のアッシャー（物質界）において、魂は肉体という不自由な衣をまとって、喜怒哀楽を繰り返して生きるようになるのです。ここは現実の世界であり、人々が住み同時に悪魔も共存しているといいます。

この「セフィロトの樹」で示されている真理は、人は努力によってその精神を高めることができ、神に近づくことができるということです。精神を高めて魂の源まで登っていけば、人は肉体に縛られず、魂が本来持っている素晴らしい力を自由に使えるようになる、それがカバラの秘術本来の意味なのです。

神秘を覆い隠す暗号

数々の秘術の正しい方法を記したカバラの書物は、暗号で書かれていると最初に述べました。カバラの秘術を隠す暗号としては、次に紹介する三つの方法が知られています。それはゲマトリア、ノタリコン、テムラーと呼ばれる方法です。

■数値変換法、ゲマトリア

ゲマトリア（Gematria）とは、同じ数値を有する語句同士を関連させることによって、詩や語句の合計された数値を分析して、その詩や語句に隠された本当の意味を知る方法です。

表を見てもらえば分るようにAは1、Rは200という数値を持っています。これはヘブライ語が、もともと数字としても利用されていることから始まった方法です。つまり違

表●ヘブライ文字と数値、タロットの魔術的対応関係

文字		音価	数値	象徴	タロット
א	アレフ	A	1	雄牛	愚者
ב	ベス	B	2	家	魔術師
ג	ギメル	G	3	駱駝	女教皇
ד	ダレス	D	4	扉	皇后
ה	ヘー	H	5	窓	皇帝
ו	ヴァウ	V	6	釘	教皇
ז	ザイン	Z	7	剣	恋人
ח	ケス	Ch	8	柵	戦車
ט	テス	T	9	蛇	剛毅
י	ヨッド	Y	10	手	隠者
כ	カフ	K	20	スプーン	運命の輪
ל	ラメド	L	30	鞭	正義
מ	メム	M	40	水	吊るされた男
נ	ヌン	N	50	魚	死
ס	サメク	S	60	支柱	節制
ע	アイン	O	70	目	悪魔
פ	ペー	P	80	ロ	塔
צ	ツァダイ	TS	90	釣り針	星
ק	クォフ	Q	100	後頭部	月
ר	レシュ	R	200	頭	太陽
ש	シン	Sh	300	歯	最後の審判
ת	タウ	T	400	T字形	世界

う場所に書かれている文章を、隠された数字によって結びつけて隠された本当の意味を知る手段なのです。

聖書の中の特定の人物を明記していない文章などを、まず数字に分解して合計するのです。そして次に、その合計の数値と同じ数値になる文章を探すのです。聖書など、この方法で書かれている部分が多くあるそうで、原書ならばその意味を読み取るのにそれほど苦労はいらないそうです。

しかし、最初に隠された言語からほかの言語に翻訳される時に、その書物の中に隠されている神秘の秘密を破壊してしまうということはよくあるようです。

この方法は日本語に翻訳された書物では、まったく役に立たないので、これ以上ここで書くことはしません。興味のある方は、ヘブライ語を本格的に勉強するのがよいでしょう。

■省略法、ノタリコン

次は、省略法のノタリコン（Notaricon）と呼ばれる方法で、その由来は速記を意味するラテン語のノタリウスからきているといわれています。

この方法で一般的に行われたのが、長い文章を縮めて単語にしてしまうことです。アーメンなどの祈りの言葉は、この方法によって作られました。アーメンという言葉は、「ア

ドナイ　メレク　ナーメン」の単語の頭文字を合成したもので、その意味は「主そして信仰に賢き王よ」となります。

この方法で縮められた単語から、逆に文章を導き出すこともできます。

■文字換置法、テムラー

最後にテムラー（Temurah）と呼ばれる方法は、ほかの二つに比べれば比較的簡単な方法です。それは文字をある法則や規則的な方法で入れ代えたり、不規則もしくは規則的な方法で文字を並べ、それを特定の表によって解読できるようにした暗号です。

テムラーの方法の一つは、アルファベット二十二文字を二列に分けて、次にそれを水平に並べて書き、上の列の文字と下の列の文字を入れ代えて文章を書くのです。この暗号の欠点は、元にした表が失われてしまうと隠された意味を読み取ることが事実上、不可能となってしまうことです。

またテムラーはアナグラムの方法として、多くの言語で綴り遊びとして使われています。例としては「EVIL（悪）」という言葉は、逆にすると「LIVE（生きる）」という言葉になります。

このように一つの単語の逆、もしくは中心から二つに分けたりして表面の意味とは違う、隠された意味を単語や文章に潜ませることができるのです。しかし見かけは簡単ですが意味を隠しながら、それなりの文章を作り上げるのは非常に難しい技術だといえます。

この三種類の方法を使えば、カバラの文献から隠された意味や事柄などを、ある程度知ることができます。しかしこれらの方法は、記された予言や奥義の秘密などを知るためにしか使えません。

■未来を予測する数秘法

そこで人物の将来や、未来に起こる事柄を知るために、もっと高度な方法が必要となってきます。数秘法と呼ばれる秘術は、すでに説明した三種類の方法をより高度にしたものです。

数秘法とは、文字に対応する固有の数値の組み合わせがすべての本質を示しているものとし、その本質を正確に分析することでもっとも可能性の高い未来を予測する方法です。ある人物の生まれた日、つけられた名前、これから行く場所の名称、会いに行く人物の名前、日時などを数値に変換し、その本質を知ることによって未来を予知するのです。

これらの秘術を読み取るための方法は、書物にされず口伝えで伝授されてきました。紹介した方法以外の手段も存在しているはずですが、それは記録には記されていません。そして、このような方法を伝授してきた秘密の団体がありました。それらの団体は、秘密結社と呼ばれたのです。

秘術を受け継ぐ秘密結社

十六世紀から十八世紀にかけて、多くの秘密結社と呼ばれる団体がヨーロッパの各地に現れました。しかし詐欺まがいの集団が多く、貴族などから金を巻きあげることを目的とし、たいていすぐに解散してしまいました。

そのような集団と異なり、真の秘術を伝えていた集団もありました。それが薔薇十字団とフリーメーソンなのです。

■神秘の集団、薔薇十字団

薔薇十字団は十五世紀の始めに創立された秘密結社で、創始者はクリスチャン・ローゼン・クロイツ（Christian Rosen Creuz 以下C・R・Cとする）と呼ばれた人物です。ローゼンには薔薇、クロイツには十字という意味があり、その名をとって結社の名前にしたのです。カバリストの中には、彼は理想として存在した人物で、実在の人ではないという者もいます。

彼は幼い頃に両親と死別し、ドイツの修道院で育てられました。十六歳の時に知識への欲求に目覚め、それを求めて聖地巡礼の旅にでます。しかし彼は途中で病にかかり、それ

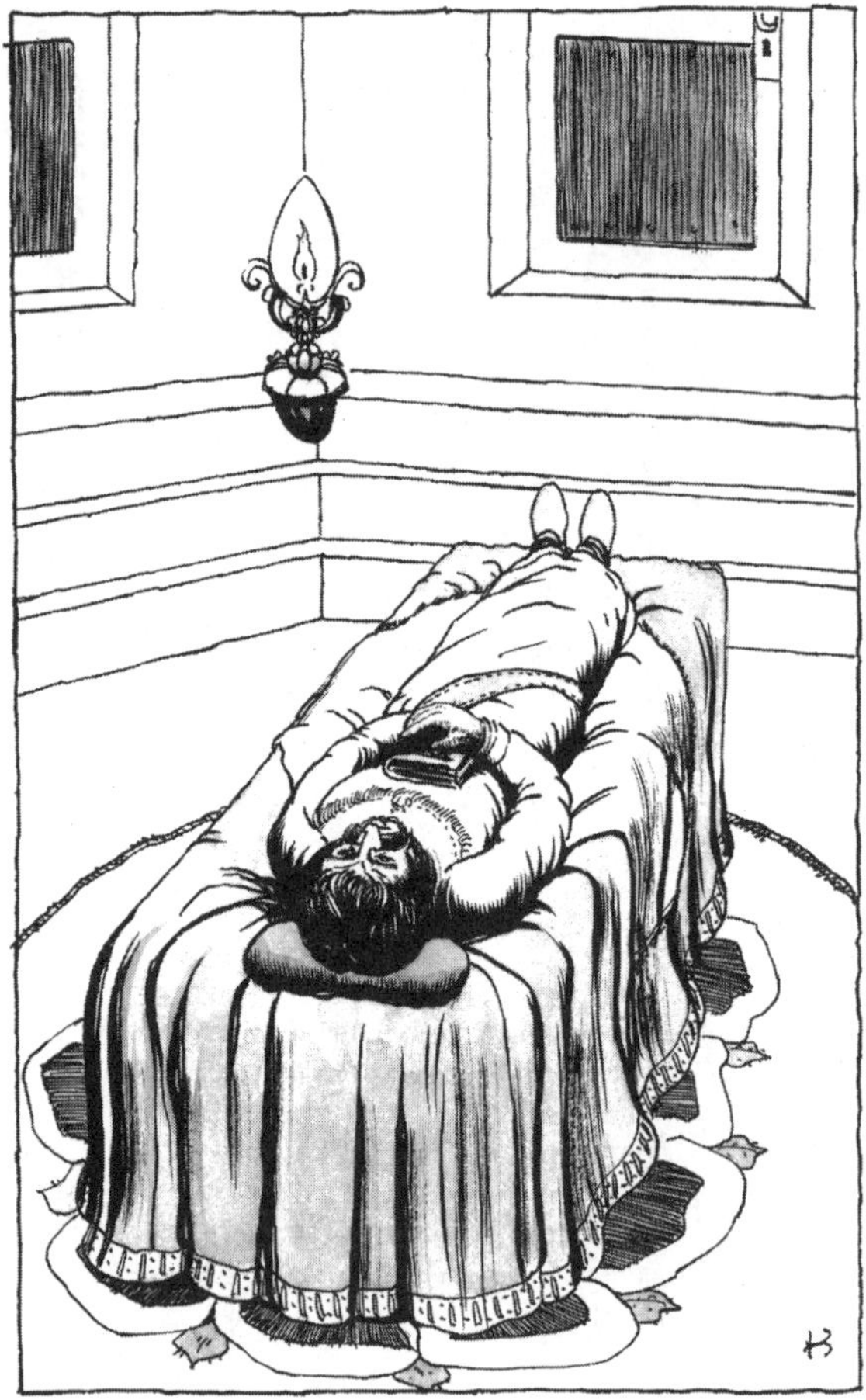

を果たすことはできませんでした。

運命とは皮肉なもので、彼は聖地巡礼を断念した代償に充分値する知識を秘めた『Mの書』という書物を手に入れることができたのです。その後彼はドイツに帰り、静かな場所に一軒の家を建てて『Mの書』の研究を始めます。

そして『Mの書』の奥義を会得したC・R・Cは、秘術を伝授する資格があり信用できる三人の仲間を、かつて自分が教育を受けた修道院から呼び寄せました。彼らはC・R・Cから秘術を伝授される代わりに、秘密を守り共に活動することを誓ったそうです。こうしてたった四人で、薔薇十字団は結成されたのです。後に新たな会員を四人入団させて、薔薇十字団は総勢八人となりました。

彼らは秘薬を作り、多くの知識を整理し、患っている人々を治療し、さらに「聖霊の家」を建てたといいます。この「聖霊の家」は、現在ではどこにあったのか分っていません。

そしてC・R・Cを否定するのと同じように、この家も理想の存在でしかなく、この世には存在しなかったと主張する者もいます。その証拠に、この頃のドイツには無料で治療されたり、不治の病を癒やされた多くの人々の記録がないと主張します。

しかしすべてを秘密の内に始めた薔薇十字団が、はたして病人を癒やす時にその存在を明らかにするような軽率な行動をとるでしょうか?

彼らは、自分に対する賞賛など必要とせず、苦しんでいた病人が癒やされた時に神に感謝する言葉だけを唯一の報酬としていたのです。

真実を知り奉仕の心を持つ人々は、決して自らその知識を見せびらかすようなことをしないのです。そしてそれが真実である証拠に、団員の行動は記録に残されることはなかったのです。

「聖霊の家」を建てた後、彼らは薔薇十字団の教義をより完全なものとするために、新たな知識を求めて世界中に散っていきました。この時、彼らは六つの規則を作り、それを守ることを互いに誓ったそうです。それは、以下のようなものでした。

一つ、我々の活動は、無報酬で病人を治療することにある。
一つ、我々は特別な服を着用しない。
一つ、我々は一年に一回、「聖霊の家」で会合する。
一つ、同志は、死ぬまでにそれぞれの後継者を選ぶ義務がある。
一つ、「R・C」なる文字が、我々の唯一の紋章である。
一つ、今後百年の間、薔薇十字団の存在を秘密とする。

この規則を定めた後、団員達はC・R・Cだけを「聖霊の家」に残して、各地に旅立っていきました。こうして秘密裏に、薔薇十字団の活動が始まったのです。

当時はあまり知られていませんでしたが、ヨーロッパの各地には団員達が行ったと思える、不思議な活動が記録されています。いかに注意して秘密にしようと思っても、各地を移動してさまざまな行動を行うようになると、その不思議な力に気づく人も多かったようです。

それによれば団員たちは、自由に姿を消すことができ、どのような病気でも癒やすことができ、不思議な奇跡の技を見せたのでした。そしてすぐ、風のようにどこかへ去っていったそうです。

C・R・Cは、一四八四年に百八歳で死んだと団員たちの間に伝えられています。遺体は「聖霊の家」の中の秘密の場所に葬られ、後を継いだ団員たちは誰もその場所を知らなかったそうです。そして百二十年たった一六〇四年に、当時のある会員が偶然に埋葬室に通じる扉を発見したのです。

発見された隠し扉には、「余は百二十年後にあらわれるであろう」とラテン語で書かれていたそうです。埋葬室は「永遠のランプ」に照らされ、七角形の壁に囲まれており、その壁の一つ一つに扉があったそうです。その扉の中には失われていた薔薇十字団の秘薬や、数々の知識について記された書物がありました。

そしてC・R・Cの遺体は、墓の中でも腐敗せず、ちゃんと残っていたそうです。その遺体の手には、「T」と書かれた書物を持っていました。

こうした薔薇十字団の秘密が知られるようになったのは、十七世紀初めに書かれた『ファーマ・フラテルニタティス（Fama Fraternitatis）』という書物によってです。薔薇十字団は、カバラの秘法を実践し、人々に奉仕しようとした集団だったのです。

■秘術を受け継ぐ秘密結社、フリーメーソン

フリーメーソンは、よくメーソンと略して呼ばれます。この言葉は本来、石工あるいは煉瓦職人のことを意味していました。もともとフリーメーソンは、中世の建築術を持っていた石工の職業ギルドだったのです。

フリーメーソンの活動は実践的行動から、思弁的行動へと変化していきました。実際に寺院や王宮を建築するのではなく、理想的な殿堂を建築するという観念的な活動をするようになったのです。

このような変化は、十七世紀のイギリスで起こったとされています。この頃、薔薇十字団は、存続の危機を迎えていました。それは各地で薔薇十字を名乗る詐欺師達によって行われた悪事により、その活動が阻害されてきたからです。

そこで団員たちは、古い器であり長い間纏っていた衣でもある薔薇十字団を捨てる決心をしたのです。そして当時はまだ職業ギルドであったフリーメーソンに入団し、徐々に団

員が重要な地位を占めていきました。そしてフリーメーソンの団体を、実践的行動から思弁的活動を基本とするように変えていったのです。こうして薔薇十字団の秘術をフリーメーソンは受け継いだのです。

現在でもフリーメーソンという結社は存在していますが、おそらくカバラの秘術は、もはや伝えてはいないでしょう。なぜならフリーメーソンもやはり、十八世紀の終わり頃に教会や政府から攻撃を受け、名を騙る詐欺師などによって活動を続けることが難しくなったからです。

秘術を伝授されていた団員は、邪魔をされず活動を続けるためにほかの秘密結社を作ったか、活動を再開できる時期まで地下に潜ったに違いありません。近い将来に、ふたたびカバラの秘術を伝授された秘密結社の噂を聞くかもしれません。しかし噂を聞くような時には、その結社にはもうカバラの秘術の奥義など残っていないのです。カバラの奥義は人知れず、資格ある者たちに伝授されていくのです。

■数秘法の達人、カリオストロ伯爵

十八世紀のフランスには、数秘法に精通した有名な人物がいました。それはアレッサンドロ・カリオストロ（Alessandro Cagliostro）伯爵と名乗る人物です。彼は自ら、「人民の保護者」と名乗り、貧しい人、恵まれない人々を助けたといわれています。彼は心霊治療を施すことができ、フランスのストラスブールで三年間に一万五千人の人々を無料で治療したといいます。そして治療するだけではなくカリオストロ伯爵は、惜しみなく貧しい人々に金を施しました。

カリオストロ伯爵は、カジノにいけば自分の望むように勝つことができ、いくらでも金を儲けることができました。親しい婦人には、宝くじの当たり番号を教え、それは必ず的中したそうです。けれどもカリオストロ伯爵は、その婦人が四度目に当たり番号を教えてもらいにいった時に、もう充分に豊かになったでしょうといって次の当たり番号は教えなかったそうです。彼はその人にとって、必要以上の助言や協力はしなかったのです。

多くの人々は、カリオストロ伯爵のその不思議な力に興味を持ち、その力の秘密を知りたいとあれこれ詮索しました。そして貴族の中の一部の人々は、その力の源が数秘法と呼ばれる秘法であると気がつきました。でもその力の源が判明しても、秘術の正しい知識を持たない者には、なんの役にも立たなかったのです。

また彼は人々の運命を予言することもでき、一七八五年五月十日にフランスのフリーメーソンのロッジにおいて、フランスの将来と国王ルイ十六世と王妃マリー・アントワネットの運命について予言しました。

彼は王と王妃の名前を紙に書き、その下に数値を書き添えていきました。そして驚くべき予言をフリーメーソンの会員達に語ったのです。

「国王は国外に逃亡しようとするが、それは成功しないでしょう。いくつかの暴動が起き、その責任を問われて三十九歳になる前に、その頭を失う運命にあるでしょう」。そして続けて彼は、「もはや王妃の運命も、これまででしょう。不運が続き、財産も地位も失い悲しみのために老け込んでしまいます。そして彼女も投獄され、処刑されてしまうでしょう」と語ったそうです。彼はこれ以外に、ナポレオンの登場と第一帝国の勃興も予言しました。

女王の首飾りを盗んだというい われなき罪で、彼はバスチーユの監獄に囚われました。囚われた独房の壁に彼は暗号で「一七八九年七月十四日、包囲されたバスチーユの監獄は、諸君により上から下まで取り壊されよう」と書いたそうです。これらの予言が的中したかどうかは、歴史の書物が語ってくれています。

カリオストロ伯爵は、一体いつ、どこでこのような秘術を身につけたのでしょう。彼はこの秘術をアラビアでマスター達に習ったと主張しています。彼は、幼い頃両親を失い、イスラム法の最高権威者のもとに預けられ、神秘的な秘術のマスターであったアルトタスという人物に秘術の教えを受けたそうです。しかし実際に、どこでこのような神秘の術を習得したかは、詳しく語ってはいなかったようです。人々の好奇心を満たすために話したことかもしれません。

カリオストロ伯爵の行動などを記した記録などから、真実であろうと思われることはこれぐらいしか残ってはいません。残念なことに多くの愚かな者達が、妬みや嫉妬からカリオストロ伯爵の名誉を傷つけるために、多くの贋の記録を残し、真実を消し去ろうとしたからです。

特にある組織などは、カリオストロ伯爵の生涯について本を出版し、その中で彼を山師ジュゼッペ・バルサモであると断定しています。この山師ジュゼッペ・バルサモなる男は、当時シチリアの警察に手配されていた犯罪人でした。

公式にバルサモなる人物が調べられたとき、彼は根っからの悪漢で、教養のない無骨な人間であったと記録されています。仮にこのような人間がある時改心して、神秘学と学問に卓越した人物となるには凄まじい努力と長い時間が必要であったはずです。でもジュゼッペ・バルサモに、そのような時間がなかったのは明白な事実です。唯一考えられる可能性として、カリオストロ伯爵自身が、ジュゼッペ・バルサモを装っていた場合が考えられます。しかし彼が有名な知識人となり、彼の肖像などが広く知られるようになってからは、そのようなことは不可能だったでしょう。事実、ジュゼッペ・バルサモを知る者は、彼がカリオストロ伯爵と別人であったと証言しています。

このようにカリオストロ伯爵に対して執拗に攻撃をしかけた敵は、長い歴史という時間の中では、彼の名声を落とすことに成功しました。なぜなら二十世紀に入ってからは、カリオストロ伯爵が超自然的もしくは超物理的な力を持っていたと主張したという記録だけ

タロットカード

タロットカードは、よく占いに使われる七十八枚のカードのことです。はっきりした起源は不明で、中国、インド、エジプトともいわれています。ヨーロッパにはジプシーによってもたらされたといわれていますが、確かな証拠はありません。

タロットのカードは大きく分けて、大アルカナと小アルカナに分けることができます。大アルカナは二十二枚、小アルカナは五十六枚あります。

大アルカナは、「大いなる秘密」と呼ばれるもので、タロットより派生したトランプはこの大アルカナを一枚残して、すべて取り去ってあります。一枚残ったカードはジョーカーで、トランプでは滅多に使われません。

小アルカナは聖杯、五芒星型（貨幣）、剣、杖（棒）の四つの組札からなっています。これはトランプに使われているハート、ダイア、スペード、クラブの原型となったものです。

小アルカナのタロットの一組は、十四枚のカードで構成されています。数字のカードが十枚、そして絵札が四枚あるのです。そのうち絵札はトランプでは一枚省略されてしまいました。現在のトランプで使われる騎士見習い（ジャック）、女王（クイーン）、王様（キング）以外は、騎士（ナイト）のカードがあるのです。

騎士のカードは騎士見習いのカードと一緒にされて、トランプでは消えてしまったのです。

タロットがそのまま使われず、トランプのような形になったのは、タロット占いを中世の教会が悪魔の技と弾圧したからです。教会はなんとかタロット占いをやめさせようとしましたが、神秘的な占いの技を葬ることはできませんでした。

そこで教会の人々は、タロットの原型を破壊しようとしたのです。そしてそれはトランプという形で成功しました。トランプはタロットの残骸ともいえるものなのです。

で、後は何の調査の裏づけもなく、ただちに彼を山師と断じてしまっていたからです。

カバラの秘術を使い社会に奉仕しようとしましたが、カリオストロ伯爵の考えは受け入れられず、彼の目指した仕事は完遂できませんでした。そのため彼は自分と同じ奥義を身につけ、しかし自分よりも社会的に成功していたサン＝ジェルマン伯爵に道を譲り、消えていったのです。

■神秘と謎の人物、サン＝ジェルマン伯爵

カリオストロ伯爵が、情容赦ない迫害を受けて人々を救う活動に失敗した人とするならば、ほとんど同じ時期に存在したサン＝ジェルマン（Saint=Germain）伯爵は、敵の攻撃を退け、自分の信念による行動を成功させた人です。

彼の卓越した多彩な才能は、歴史、科学にとどまらず、詩や音楽にまで及び、楽器を演奏し、短いオペラなども作曲したそうです。また画家としても天才的で、特にモデルの衣装についている宝石などの光沢は本物と変わらないほどであったといいます。

語学においては、ドイツ語、英語、イタリア語、ポルトガル語、スペイン語、ギリシア語、ラテン語、サンスクリット語、アラビア語、中国語などを流暢に話すことができ、どの国に旅をしても本国人と思われたそうです。信じられないような両手利きで、同一の文章や論文を両手で同時に書くことができたそうです。もっと驚くべきことには書き終わっ

た後に、その二枚の紙を重ねて透かせば、二つの文字はぴったりと重なったそうです。
また予言が驚くほど正確なことも、彼の名声を高くしました。しかし彼が天才であり神秘の人物と呼ばれる本当の理由は、ヨーロッパの政治情勢に鋭く、外交上や宗教上の敵からの攻撃をかわす力であったのです。

事実、サン＝ジェルマン伯爵はフランスおよび多くの政府にスパイとして雇われ、いかなる排他的グループとも接触できる信任状を、いつも持っていたといいます。彼が、その活動のために名乗った偽名は凄まじい数になり、また階級も侯爵、士爵、将軍、王子とさまざまでした。彼は神秘の術を会得していただけではなく、優秀な政治家であり外交官でもあったのです。

サン＝ジェルマン伯爵は、中背で均整のとれた体つきをしており、衣服は最高級だが簡素で黒地のものを好んだといいます。しかしダイアモンドに熱狂的な愛着を持っており、指輪、鎖つき時計、嗅ぎたばこ入れ、はては留め金にいたるまでダイアモンドをつけていたといいます。

またこのような想像を絶する富だけではなく、彼は伝説的な不老不死のエリクシール（Elixir）を持っていたといいます。これを定期的に服用するなら、老いることなく永遠に若く生きることができるといわれています。このことからも想像できるように明らかに彼、サン＝ジェルマン伯爵は錬金術にも精通していたと思われるのです。

彼はその行動のために、しばしば異端審問官の攻撃を受け、彼らの質問に答えなくてはなりませんでした。しかし彼は質問を尋ねられる前から、その質問を予知していたかのように、それに完璧に答えたといいます。

それ以外の記述からも分りますが技術や学問だけでなく、彼は超常的な力まで持っていたのです。それはテレパシーのようなもので、遠い都市や国家で自分が必要とされていることを感知したり、テレポートのように扉を使用しないで友人の部屋や自室に出入りしたといいます。

また彼は当時の二大秘密結社フリーメーソンと聖堂騎士団員を兼ねていたともいわれています。カリオストロ伯爵の回想記には、サン＝ジェルマン伯爵の手で聖堂騎士団へ入団したと書かれています。

彼は、当時のほとんどの秘密団体とかかわっていたと思われます。そして真の秘密結社といわれ、カバラの奥義を伝えている薔薇十字団の事実上の団長であったともいわれています。

サン＝ジェルマン伯爵の最期については、詳しく伝えられていません。フランス革命中に死んだとも、どこか外国に逃亡したともいわれており、最初から最後まで、彼は神秘のベールに包まれていたのです。

■ウィリアム・シェイクスピアの著作に隠された神秘の知識

『テンペスト』、『ハムレット』、『マクベス』、そして『真夏の夜の夢』。これらの素晴らしい文学作品を書いたといわれているウィリアム・シェイクスピア。彼の作品の中に、数々の神秘の知識が隠されているということを知っていますか？

これらの作品には、カバラ、プラトン主義、そしてパラケルススの医術などの学問に精通していなければ書けない場面が多くあります。『テンペスト』の中に登場する妖精エアリアルなどは、明らかにパラケルススが命名した風の精シルフに、本来ヨーロッパの人々が持っていた妖精の性格を持たせたものです。はっきりいえばシェイクスピア劇全体に特殊な哲学的理念が感じられ、著者が薔薇十字団の教理と教義、そのほかの神秘学に精通していたとしか考えられないのです。

シェイクスピアの作品の中には、ラテン、ギリシアの古典語、およびフランス、イタリア、スペイン、オランダの近代語の知識が使われていました。これらの言語に精通するためには非常に多くの本を読むか、さもなければ実際に、それらの土地を旅行して言語の研究をする以外なかったのです。しかし十七世紀頃のヨーロッパで、旅行をするというのは大変なことです。莫大な費用と気の遠くなるような時間をかけなければ、旅行はできなかったのです。

また、旅行が大変な事であったのと同じように、本は当時とても高価なものでした。作家の蔵書があれば、その作家のもっとも高価な遺産であったのは間違いありません。しかしシェイクスピアの遺産の中には、蔵書は含まれていないのです。また彼の直筆の原稿は、見つかっていません。彼の肉筆と確認されたものは、すべて署名というのも不思議な話です。

シェイクスピアの最初の作品が、匿名で出版されているのも不思議なことです。また初版と再版で、まったく同じ場所が乱丁しているのも謎です。普通は最初に乱丁を出してしまったら、次の版から直すものなのです。

このような事柄から、シェイクスピアの著作が実は複数の人間によって書かれていたということが推測できます。これならばシェイクスピアの直筆原稿がない事も、数多くの知識を持っていたことも納得できます。

薔薇十字団はシェイクスピアの作品に、このまま放置しておけば消え去ってしまい二度と蘇らすことのできなくなる数々の神秘学の知識を一般に流布し、しかも正しい方法を知る者以外は読み取れないように隠したのです。

この困難な仕事を担ったのは、フランシス・ベーコン卿であったといわれます。彼は作家であり、有能な法廷弁護人でした。豊富な蔵書を持ち、若い時から旅行をして多くの国を訪れていたので、地方的雰囲気を作品に創作することができたはずです。また宮廷のことにも詳しく、シェイクスピアの劇中にたびたび出てくる王宮の作法も熟知していたことは間違いありません。シェイクスピアと共に、もしくは彼だけで数々の作品を生み出すことが可能だったのです。

シェイクスピアの作品の中には、彼が自分がこの作品に携わった証拠としてさまざまな暗号が見られるそうです。彼は三十三という数字を大変気に入っていたそうです。面白いことに、『ヘンリー四世　第一部』の中には、フランシスという単語が三十三回も続けて登場するのです。「すぐだってフランシス、だめだフランシス、明日にしようフランシス……」と続くこのような文章を見つけられるはずです。また文章だけでなく、挿絵やページの片隅の飾り用の飾りの中にも、暗号が隠されているそうです。

このようにして、さまざまな手法によって数々の神秘の知識を隠した書物が出版されていたのです。暗号を解く術のない者にとっては心躍らせる物語として読まれ、暗号を解く術を持っていた者には驚異的な知識の宝庫として読まれたのです。同じ本がまったく違う方法で読まれていた、これだけでも随分と面白いことです。

当然のことながら日本語に訳されたこれらの物語は、残念なことに神秘の知識を伝えてはいません。また長い歴史の間に、焼かれ、捨てられ、そして新しく出版する時に改造されてしまったため、シェイクスピアの多くの作品は物語としてしか利用価値のない物になってしまったのです。

しかしいつの日にか、これらの物語に秘められた神秘の知識が蘇ることでしょう。なぜならば、薔薇十字団、フリーメーソンと名前や姿を変えてひっそりと活動してきた秘密結社は、これらの正確な原本を今も保存しているはずだからです。正確な原本と、それを正しく読むことを知る人物がいれば、それらの知識をふたたび、誰もが理解できる状態に戻すことができるのですから。

ここまで数々のカバラの秘術について説明してきました。しかし未来を占ったりするだけが、カバラの秘術の奥義ではないのです。真の奥義に達することのできた者は、カバラの秘術によって命や世界を創造できるといいます。

神はかつて、人間を造ったといいます。そしてカバラの秘術によって、人は精神を高め、神と同じ領域に達することができるのです。しかしそれを完全に行えた者は、ごく少数しかいません。モーゼやキリストなどが、それに近い状態に達しました。そしてそれほどでなくとも、疑似生命を作ることに成功した者もいるのです。

■作られし命、ゴーレム

カバラの奥義を記した書物のなかで、『形成の書』もしくは『創造の書』と呼ばれるものがあります。この書物に隠されたカバラの秘密を解き明かすと、ゴーレムを造ることができるのです。

本当のゴーレムが作られた記録は、当然のことながら僅かしかありません。一つは十一世紀頃、カバリストとして有名なソロモン・イブン・ガビロール（ソロモン王とは別人）が、ゴーレムの召使を作ったと記録されています。しかしこのゴーレムが、どのような形をしていたかは伝わっていません。しかしゴーレムのことを聞いたある王が、ガビロールを罰しようとした時、その王の前でガビロールはゴーレムを分解して、再び組み立てて見せたといいます。

もう一つの記録は、ユダヤ伝説の中にあります。それはバアアル・シェムの怪物という話です。十六世紀頃、ケムルのエリアという男がゴーレムを作ったという話です。詳しいことはここでは書きませんが、最終的にこのゴーレムは世界を破壊してしまいそうな怪物に成長します。

困ったケムルのエリアは、ゴーレムの前頭部に隠されていた力の源泉（シュム）を抜き取り、ゴーレムをもとの土くれに戻してしまいます。

また十七世紀には、ユダ・ロェーヴ・ベン・ベサベルなる律法学者がゴーレムを作ったといいます。ゴーレムを作ることには成功したのですが、非常にのろまでなまくらな、役に立たない存在になってしまいました。

ゴーレムの記述の多くに、先に出てきたようなシュム(Shem)と呼ばれる神の名をかたどった文字の組み合わせを記した羊皮紙を、口から前頭部に押し入れたり額に張りつけたりすると動きだします。

これはゴーレム、つまり疑似生命を人間が作りだすためには、神が人間を造った方法と同じことをする必要があるからなのです。

史実にみるカバラの予言

フランスは長い間、絶対王制により王族と一部の貴族だけが贅をつくし、そのような政治に反対する者は、裁判もなく不当にバスチーユに投獄されたのです。

王族の傲慢な態度は、街には食べる物もない貧しい人々がいる時に「パンがなければお菓子を食べればいいじゃない」という王妃マリー・アントワネットの言葉に集約されます。

このような政治に疑問を持った人々は、ついに行動を起こしました。それがフランス革命と呼ばれるものです。人々は王制政治に疑問を持ち、無実の者が投獄されているバスチーユの監獄に攻め寄せ、陥落させたのです。

国王ルイ十六世は、バスチーユ陥落の当日の日記に「別になにもなし」と書いたのです。彼は当日、狩りに出て獲物を取れなかったのでそう書いたのだそうです。バスチーユ陥落や人々の怒りより、ルイ十六世にとってはその日の狩りの獲物が重大だったのです。傲慢さもここまでくれば、大したものと感心できます。

しかしこの革命の後、ルイ十六世はギロチンの露と消え、王妃マリー・アントワネットも処刑されてしまいます。カリオストロ伯爵の予言は見事に的中したといえるでしょう。

六

錬金術 ―― Alchemy

錬金術

Alchemy

錬金術について

人間の欲望のうち、誰でもが思いつくものに金銭欲があります。巨万の富を手に入れ、好きなことをやって遊んで暮らしたい、そんなことを考える人々はどこにでもたくさん存在します。しかし、実際にはそうは問屋が卸しません。

もしも貴金属を大量に手に入れることができるなら、それもたやすいことですが、鉱山を掘って手に入れるのであれば、まずは鉱山が必要です。しかも、掘る手間がかかり、資材や人も集めなくてはなりません。もしそういったものも必要なく、いつでも好きなだけ貴金属を手に入れることができるとしたら……。それが錬金術なのです。

錬金術という技術は、卑金属[*1]などの材料から金を作り出す、というだけのものではあり

ません。世界中のすべてのものの本質を知り、この宇宙の生成の秘密をもその手中に収める、偉大な知識の集大成なのです。

物質ははたしてどのようにして構成されているのでしょうか。どのようにして変化するのでしょうか。それはどのようにすれば人間の手で作り出すことができるものなのでしょうか。この世界の成り立ちは一体どうなっているのでしょうか。これらの知識を持った者にとっては、金を生成することも単なる知識の一つ、または自分の知識の証明のための実験の一つに過ぎないのです。

金を作ることができるという一面だけを捉えて、金儲けをしたいがために、その偉大なる知識の金儲けになる一部分だけを手に入れようとする人々がいたり、それどころか、錬金術師をかたって無知な人々から金銭をだまし取る輩までいたため、錬金術師といえば、何だかうさん臭いペテン師のように思われているようです。

錬金術の秘法を求めて実験を繰り返した人々のうちの何人かは、その秘法にこそ到達できませんでしたが、その代わりに思いもかけない物を発見しました。たとえばそれは燐であったり、硝酸であったりしました。また、実験のための器具や、蒸留などの化学技術が発達したりもしました。これらは錬金術の副産物といえるかもしれません。

しかし、「大いなる秘法」[*二]に到達した人々には、もっと素晴らしい成果がもたらされたのです。望むだけの金や銀を得る秘法が。

■錬金術の歴史

錬金術（Alchemy）の語源については、al-Khem(e)ia とも、el-Kimiya ともいわれています。アラビア語の冠詞をつけたこの言葉は、「黒い土地」という意味で、エジプトを指しているといわれています。

エジプトの神官のみが知っていたこの聖なる術が、ギリシアに渡って、アリストテレスの哲学に影響を受けて、初期の錬金術の理論が成立した、ともいわれています。

また、東洋においては、紀元前四〇〇〇年以上も前から錬金術を営んでいたといわれています。その後、道教の思想に取り込まれて、陰と陽の相互作用が五つの元素（水、火、木、金、土）を生み、これが万物を形作るとしたのです。

それらの錬金術がアレキサンドリアに渡り、そしてアラビアを経由して西ヨーロッパに渡ったのです。

十二世紀になって、ヘルメス[*三]神自らの手によって、エメラルド板に刻まれたものとされる「エメラルド・タブレット」[*四]をはじめとした、ヘルメス名義の文書がひろまって錬金術師達に大きな影響を与えました。

そして、ルネッサンスの頃になると、印刷技術の発達とともに、錬金術について書かれた書物が大量に流布されるようになって、いよいよ錬金術師の数が多くなるのです。

錬金術の理論

錬金術の理論を理解するためには、その根底になる「物質」の成り立ちについての理論から説明しなくてはなりません。その理論も錬金術師ごとに、また時代ごとにさまざまなものがありますが、ここではそのうちの代表的なものについて記述しておきます。

神がこの世界を創造したときには、この世界には金も銅も土も水もなく、ただあるのは混沌（カオス）だけだったのです。神は、その混沌にさまざまな異なる性格を与えて、いろいろな物質を作ったのです。

この混沌を構成する物質のことを「第一物質」と呼びます。一番最初にこの世界にあって、すべての物質の元になっているものだからです。そして、すべての物質はこの「第一物質」と「性質を与えているもの」の二つが組み合わさってできているのです。この「性質を与えているもの」のことを「種子」とか「形相」などと呼びます。ここでは「形相」と呼んでおきましょう。

そうであるとすれば、物質に与えられている「形相」を取り除いて「第一物質」に戻し、再び新しい「形相」を加えてやることができれば、物質を変換すること（たとえば鉛などから金や銀を作ること）ができる、ということになります。たとえば、バラの花を焼いて灰にしてしまったとしても、その灰の中にはバラの「形相」が残っているのです。「形相」が残っているならば、バラの灰はバラの花に戻すことができる、といわれています。しかし実際のところ、そう簡単にそんな事ができる訳ではありません。その「形相」をどうやれば取り除くことができるのか、そしてどうやって新たに「形相」を加えてやればよいのか、など謎はたくさんあります。

また、別の考え方もあります。すべての物質は土・火・水・空気の四つの元素から成っていて、そのそれぞれに乾・湿・冷・熱の四つの性質が対応して、この組み合わせと割合などから物の性質が決定される、というものです。もしそうであるとすれば、その物質の元素を一つずつに分解して純化し、そののちに思いのままに組み合わせることができれば、好きな物質を作ることができる、ということになります。ここでいう四つの元素とは、それぞれの名前で呼ばれる実際に存在する物体そのものを指すわけではなく、物質の状態または様相のことを指すのだといわれています。

それとまた別に、硫黄・水銀・塩の三原質というものも存在します。これもまた、その名のとおりの化学物質のことではなく、物質の特性を表すものなのです。すなわち、硫黄は燃えるものや腐食させるもの、つまり相手に働きかける能動的な特質を持ったもののことであり、水銀はそれとは逆の受動的な特性を持ったものを意味し、塩は硫黄と水銀の中間項に当たる、とされています。

特にこの水銀と呼ばれるものは、錬金術に大きなかかわりを持っています。ある者は、この水銀が「賢者の石」の原材料になるとさえいっています。また、水銀（Mercury）はローマ神話に出てくるメルクリウス神、すなわちギリシア神話にいうヘルメス神のことを意味しています。このヘルメス神が錬金術の守護神とされていることはすでに述べたとおりです。

■何故黄金を作ったのか

錬金術においては、求めるものは金でした。いかなる金属でも作れるとすれば一番高価な物を作ったほうがいい、として金を作ろうとした者もいたかもしれません。しかし真の知識を求める錬金術師にとっては、金は特別の意味を持っていたのです。金には不変性があり、その放つ光ゆえに神の物を作るに適した物質であるともいわれており、すべての金属の中で、金（または銀も含む）だけが完全な金属である、と考えられていたのです。不完全な金属を材料にして、完全な金属を完成させることによって、自分の得た、物の成り立ちについての知識の正しさを証明しようとしたのです。

■錬金術と占星術

錬金術の概念において、この我々の住んでいる宇宙は大宇宙（マクロコスモス）と呼ばれています。そして、神によって作られたこの大宇宙は、一つの生き物、一個の広大なる有機体なのです。その中のものはすべて命ある存在であり、石一つに至るまですべてに生命がいきわたっていて、たとえば人が死んだとしても母なる宇宙の胎内に戻るだけの話なのです。

そして人間は小宇宙（ミクロコスモス）と呼ばれています。人と大宇宙とは、人間が大宇宙の一部であるという以上に密接にかかわりあっているのです。人と大宇宙とは相似の関係にある、ということです。人は大宇宙の反映であり、縮図であると考えるならば、宇宙に起きる変化は人にも何らかの影響を及ぼすかもしれません。

そして、錬金術師のやろうとすることは、神の行った宇宙の創造の模倣であり、錬金術を行うこと自体が一つの小宇宙を作り出すことであるといってもよいでしょう。そうであるとすれば、大宇宙で起きていることはそのまま小宇宙の創造である錬金術にも影響を与えるはずです。そこで、錬金術を行うにおいても大宇宙を観察して、その影響がうまく作用するようにしなくてはなりません。そのため、錬金術はその理論のうえに占星術の影響を大きく受けているのです。

贋錬金術師

錬金術師と自称する人の中には、本物の錬金術師と、それより多くの錬金術の秘法を追い求める人々と、錬金術の秘法など探しもしないのに錬金術師と名乗っている人々がいました。

それでは、錬金術など知りもせず探してもいないのに、何故錬金術師であるなどと名乗っていたのでしょうか。

まず、錬金術師であると名乗ることによって、自分の正体を隠していた人々がいます。泥棒や毒薬作りなどの犯罪者や、人に自分のことを詮索されたくない人々が、自分が錬金術師であると名乗っていたのです。

何を持っていても不思議ではありませんし、不規則な生活をしてもおかしくはありませんし、あちこちと住む場所を変えたとしてもよくあることで済まされますし、突然羽振りがよくなっても、「錬金術師」が仕事をしただけのことだといえばすむわけです。もちろん、それなりの錬金術に関する知識がなければ簡単にばれてしまうのですが、どうせ門外漢である一般人には見破れるほどの知識の持ち合わせもなかったのでしょう。

そして、もう一種類は、人に自分が錬金術師であると思い込ませることによって人からお金をだまし取る、いわば「詐欺師」だったのです。

金が自由に作れるはずの錬金術師に化けて、一体どうやって他人からお金を巻き上げたのでしょうか。

まず、お金のありそうな人の前で金を作って見せるのです。もちろん、ただの詐欺師に錬金術などできるわけがありません。トリックを使って金を作ったように見せかけるのですが、これにはいろいろな方法が取られました。早業を使ったり相手の注意をほかに引きつけておいて金を実験器の中に入れてしまい、いかにも今そこで金を作ったと思い込ませたり、金の表面に色を塗ってほかのものと思い込ませておいて実験器に入れ、表面の色が落ちたところで取り出して見せたり、実験器具の一部に金をくっつけておいて、融けたりして分離したものを作り出したもののように見せたり、金に似た色をした物質を作り出す方法をして見せてそれを金であるかのように見せかけたり、といった方法です。

このようにして、相手に自分には金を作り出せる能力があるのだ、と思い込ませておいて、その秘術を相手に教えると称してお金を巻き上げたり、もっと大きな実験器具を揃えて材料もたくさん使って一度に沢山のお金を作るから、そのための資金を貸してくれれば分け前を出すなどといって、金を手にしたらどこかに雲隠れしてしまう、などの方法がありました。

錬金術とその背景

■錬金術と反対勢力

錬金術は、物質を変換したり、生命体を創造するという、本来は神の領域に属する技術です。秘密を知った人々がその技術を使いたくなるのは当然のことといえますが、快く思わない者もいます。たとえば、教会などがそうです。

錬金術は、一説には地上に降りてきた天使が人に伝えた技であり、その技術を伝えたためにその天使達は天界に帰れなくなった、といわれていて、呪われた術であるとされていました。物の本質を変えてしまうなどという技術は、神の、あるいは悪魔の領域におかれるものであると考えられたのではないでしょうか。たとえば、パラケルススは錬金の秘薬を悪魔から得た、という話もあるようです。

また、神によって与えられた物の性質を勝手に変えてしまい、貴金属などを大量に作り出して社会の経済的基盤を揺るがすものであるとも考えられたために、錬金術を行う者は破門するなどの措置が取られることもあったようです。

政府や国王などによって、錬金術を禁止することもあります。金銀の増殖は犯罪行為であり、重罪に処す、という国もありました。

しかしながら、それで錬金術が下火になったりしたわけではありません。国王の命令も教会の命令も、人々の真理を探求する心、いや、金銀財宝を求める心には勝てなかったようです。宗教裁判にかけられたりする者達がいたにもかかわらず、錬金術はその命脈を保ってきたのです。

■錬金術師と信仰

真の錬金術師は、正しい信仰心を持っていなくてはならないものとされています。パラケルススは、神学についての本を書いていますし、十三世紀の錬金術師ライムンドゥス・ルルスはその一生をイスラム教徒のキリスト教への改宗に捧げて、ついにはイスラム教徒の投げた石に当たって死にました。

教会によって弾圧されるはずの錬金術師が、なぜ信仰心を必要とされたのでしょうか。

錬金術の秘法を解き明かすには、本や師などによって教えられて分るものではない、禅の悟りにも似た「天啓」が必要であるとされていました。その啓示を得るためには神に対する正しい信仰心がなくてはならないとされたのです。

宇宙のすべてのものの中には神が混在するともいわれ、信仰の力なくしてはその神に働きかけて「大いなる秘法」を行うことはできない、ともいわれています。神によって与えられた物の性質を変えるのですから、それこそ神の加護がなくては成功しないと考えられたとしても当然かもしれません。

秘伝の伝授

錬金術の秘伝は、師から弟子への口伝で行われるのが普通でした。なぜならば、錬金術について書かれたほとんどすべての本は、寓意や記号、象徴的図画などを用いて書かれていたために、何も知らない者がそれを読んでも、錬金術の理論やその技術を理解できないようになっていたからなのです。

しかし、それには理由があります。先に述べられたような錬金術の反対勢力などから身を守るため、というのもその理由の一つでしょうが、門外漢などに大切な秘伝を知られないようにするためであったといわれています。

ただ一冊の本を読んだだけで、錬金術の秘法が簡単に分ってしまう本を誰かが書いたとすれば、読んだ者は皆、金を作れるようになり、もはやそれは秘密でも何でもなくなってしまいます。

錬金術を悪用する者がいるかも知れませんし、金銀をはじめとする貴金属によって保たれている社会の経済基盤が破壊されるかもしれません。

単なる好奇心だけをもって錬金術に群がってくる人々を失望と落胆に陥れ、真の資格を持った者のみが秘伝に達することができるようにするための、いわば一つの関門なのです。

また、錬金術の正しい資質を持った者の前には、必ずや導師が現れてその秘伝を授けてくれる、という話もあったようで、錬金術の秘法のすべてを書物に書き記す必要はなかったのかもしれません。

もっとも、錬金術師のニコラ・フラメルは、手に入れた『ユダヤ人アブラハムの書』という本を（妻や知り合った医者の力を借りて）解き明かして錬金術の秘法を解明したといいますから、寓意を解き明かすことができさえすれば秘伝に達することも不可能ではないのかもしれません。

■錬金術の道具

錬金術師は、その実験を行うためにさまざまな道具を用いています。

たとえば実験をするかまどです。蒸留などの作業をするためにはかまどが必要とされていますが、長い期間ずっと実験材料を火にかけていなくてはならない事もあり、家庭で通常用いられるかまどとは別にもう一つかまどを設けなくてはなりません。さもないと、実験や作業の最中には料理が作れませんから。

ガラスでできたフラスコやビーカーなどのいろいろな容器も必要です。鉄や銅などの容器では、必要な形に細工することが難しい上に、腐食性の溶液を入れるには適していないからです。

これらの道具は、錬金術師本人が自分で作らなければならない、ともいわれています。

■賢者の石

錬金術師が作り出そうとした物は、金や銀の類ではなく、「賢者の石」（または哲学者の石）と呼ばれる物でした。錬金術で金や銀を作るのは、賢者の石の効果を確かめるために行っているにすぎません。いや、もし金を手に入れるのを目的として錬金術を行う者がいたとしても、この賢者の石が得られれば、金は手に入ったも同然なのです。

賢者の石を使って金を製造するのは簡単な作業ですみます。金属を熱して溶かし、または水銀を熱して、その中に賢者の石を入れれば終わりです。これで溶かした金属を金に変えることができるのです。それよりもっと簡単に、変えようとする材料の卑金属にまぶしたり、ふりかけたりするだけで金に変わるともいわれています。

したがって、錬金術を行う際には、賢者の石を得ることが一番重要な課題とされるのです。

賢者の石は本当の石ではなく、ルビーのように輝く赤い粉末のような重い物体であるといわれています。また別の説によれば、賢者の石は赤い透明な、液化可能な石なのだともされています。

賢者の石には、不完全なものを完全にしたり、病にかかった者を治す力があるとされています。これを用いることによって病人を治すことができる、いわば万能薬としての効力があります。パラケルススは、この賢者の石を治療に用いる「秘薬」としていました。

もともと、金属の中では、金（もしくは銀を含む）だけが完全な金属であり、そのほかの金属は病にかかっている、もしくは不完全な金属である、という説もあり、金属の病を治すことによって金を作るのである、ともいわれています。

■ホムンクルス

錬金術師の行おうとしていたことが神の大宇宙の創造を模倣するものであることはすでに述べたとおりですが、その宇宙創造の模倣のうちには生命体の創造も含まれています。

ホムンクルスの創造もその一つです。人の手で知的生命体を創造する、ということが果たして許されるのかどうか、ということは人それぞれに意見があるようですが、この創造に成功したならば、人は神の領域に属する知識を手に入れるであろうことは間違いありません。

パラケルススは、その著書の中でホムンクルスの作り方について述べています。

錬金術師の外見について

錬金術がまだ一般に知られていない頃には、錬金術師は一部の知識階級の者に限られていました。しかし、一般に錬金術が知られるようになってくると、その秘法を追い求めんとする者が大量に出現するようになり、上は王侯貴族から下は町人貧民ジプシーに至るまで錬金術師になりました。

したがって、錬金術師らしい格好というものは全然存在しません。有名な錬金術師であるパラケルススでさえも、浮浪者のような風体をしていたことがあります。

■パラケルスス

代表的な錬金術師の一人として、パラケルススがいます。

パラケルススは、本名をフィリップス・アウレオールス・テオフラストゥス・ボンバストゥス・フォン・ホーエンハイムといい、一四九三年にスイスのアインジーデルンに生まれました。パラケルススは、彼が著作をするときに用いた名前です。

父親はウィルヘルムといい、騎士の血を引く生まれの医師でした。母親は教会に隷属する身分の女性で、この二人の子供として、パラケルススが生まれました。

彼は、九歳の時にフィラッハに移住し、ウィーンで学んだ後にイタリアのフェラーラの大学で博士号を得て、二十二歳頃から遍歴に出て、ローマ・ナポリ・バルセロナ・グラナダ・リスボン・パリ・ロンドン・アイルランド・スコットランド・コペンハーゲン・ストックホルム・リトアニア・ポーランド・ハンガリー・マケドニアなどの各地を回った後、シュトラスブルクの市民権を得ると共に、バーゼルの市医・大学教授になりました。

しかし、パラケルススは、そのころの権威的な医学を批判し、ラテン語で行われるのが常識であった医学の授業をドイツ語で行い、薬局などの監査も積極的に行ったために、大学教授陣や薬剤師などの反感を買い、ついにはバーゼルにいられなくなってしまいました。その後も遍歴の生活を送り、一五四一年、ザルツブルクで死亡しました。
彼は、背中の曲がった小男で、腰には常に剣を下げていた、といわれています。一説によれば、その剣の柄頭に賢者の石もしくは粉末の万能薬を入れていた、といわれています。

パラケルススは、錬金術の成果として得られた秘薬を用いて病人を治療し、それまでの医学では到底治せなかった患者までも治療してみせました。

しかしながら、彼の正義感と攻撃的な妥協のない性格および政治的配慮のなさなどから敵も多く、その医者としての能力を買われながらも、ひとところに永く定住することはできなかったのです。

彼の医者としての優秀さについてのエピソードはたくさん残されています。
医師たちによってすでに絶望視されていた身体の麻痺した少女に薬を与え、汗をかかせるなどの処置をして、治してしまった、といわれています。
ほかの医者によって治すことのできなかった胃の痛みを治してくれたものには百グルデン[*五]支払う、との申し出を受けたパラケルススは、たった一回の診療と数錠の秘薬の投与でこの患者を治療してしまったため、一回の訪問と薬の代金としては百グルデンは高すぎるとして、六グルデンしか支払いを受けることができなかった、という記録が残されています。

まだほかにも、医術や秘薬によって奇跡を起こしたという逸話はたくさん残されています。

しかし、医者として奇跡ともいえる成果を上げたその知識の根本には、錬金術があったのです。治療に用いた秘薬は錬金術の成果として得られた万能薬だったようです。

錬金術師としてのパラケルススの逸話も数多く残っています。

恋仲の男女を結婚させてやるために小銭を金貨に変えた、という話や、食事をごちそうになった人のために焼き串を金に変えたとか、鍛冶屋の鉄敷を純金に変えたという話もあります。

また、パラケルススは、多くの著作を残しています。

『ヴォルーメン・パラミールム』という本では医学を、『聖餐論』という本では神学を論じていますが、『アルキドクセン』という本では、小宇宙と大宇宙の神秘や秘薬などについて、『妖精の書』という本では妖精について論じています。ほかにも、『ホムンクルスの書』や、『物性論』などがあります。

『妖精の書』では、地水火風の四大に棲む妖精について述べていて、その中でパラケルススは、妖精は姿形や身振りは人間に似ていて、物を使用したり智恵を持っていたりもするが、魂がなく、死ぬと消え去って骨も残らない、と述べています。

■ライムンドゥス・ルルス

ライムンドゥス・ルルスは一二三五年に地中海のマヨルカ島に生まれました。父親はアラゴン王ジェームス一世の家臣で、ルルスも宮廷での生活を送っていましたが、すでに結婚しているある美しい婦人に愛情を抱きました。そして、彼女に詩を書いて送ったところ、彼女からの誘いの伝言を受け取り、出向いたルルスに彼女は自分の衣服の一部を剥いで、身体が癌で蝕まれているさまを見せたのです。

このことにショックを受けたルルスは、自堕落な生活をやめて隠遁者となったのです。そして、イスラム教徒を改宗させようと思いつき、アラビア語を学びました。そののち、錬金術の原理を学んだのです。

チュニジアに出向いた彼は、イスラム教徒の改宗が思うようにいかず、ついにはその地を追放されてしまいました。

そのあと彼は、イギリスに渡り、十字軍を派遣することをイギリス国王エドワード二世に要請し、その資金とするための黄金を得るために、ロンドン塔に部屋を与えてもらい、そこで五万ポンドの卑金属を金に変えました。その金を元に六百万個の金貨が鋳造されました。しかし、エドワード二世は、いつまでたっても十字軍を編成しませんでした。裏切られたルルスは、イギリスを去ってまたもイスラム教徒に対する伝導の旅に出ましたが、赴いたチュニジアで、イスラム教徒の投げた石に当たって死にました。

＊一　**卑金属**　鉄・銅・錫などのように、空気中で容易に酸化される金属で、生産量が多く、安価に手に入るもののことをいいます。

＊二　**大いなる秘法**　「賢者の石」を作る作業のことを意味します。大抵の錬金術においては、これを用いて金や銀を作ります。「賢者の石」については、後の項目を参照してください。

＊三　**ヘルメス神（Hermes）**　ギリシア神話に登場する神の一つ。錬金術においては、エジプト神話に出てくるトート（Thoth）神と同一視されています。錬金術の守護神であるともいわれています。そしてここでいうヘルメス神は、ヘルメス・トート・トリスメギストスとも呼ばれています。

＊四　**エメラルド・タブレット**　十二世紀頃に西ヨーロッパに流布されていたヘルメスの手になるものとされる一連の著作の一つ。ヘルメスの墓地で発見されたともいわれています。ここに書かれている一見意味の分らない文章は、錬金術の秘法を寓意によって書き表しているものといわれ、この解釈について錬金術師達は頭を悩ませました。

＊五　**グルデン**　昔発行されていた金貨、後には銀貨のこと。ここでは金貨のことを意味します。

七

妖術・魔術——Sorcery

Sorcery

妖術・魔術
Sorcery

ソーサリー（Sorcery）という言葉には、たくさんの意味があります。これはSorcerer（魔術師、妖術使い）という語から出たもので、その語源はラテン語のsors（くじ、予言、運命）までさかのぼることができます。すなわちソーサラーとは、くじを引く者、運命を見る者、あるいは予言者といったような意味だったのです。

しかし現代の学術用語として使われる場合は「妖術」[*1]と訳され、おもに人を呪い殺す方法など負の意味で用いられることがしばしばです。歴史的には、悪魔と契約を結んだ悪魔崇拝者（Satanist）の用いる術を指すこともあります。ただし広くは西洋魔術全体を指しますから、Sorceryは「魔術」、あるいは「魔法」と訳すのが適当でしょう。

ここでは、こうした意味を踏まえ、西洋史上最悪の現象ともいえる魔女狩りを中心に、その前後にまたがる正統的な魔術、それ以前の自然魔術、の三部に分けて話を進めていきたいと思います。

自然魔術

■魔法使いのお婆さん

シンデレラを変身させたのも、白雪姫に毒リンゴを食べさせたのも老婆でした。中世(魔女狩り以前)の人々にとって魔法使い(魔女)といえば、しわくちゃで腰の曲がった老婆と相場が決まっていたのです。

これは日本でも同じです。山奥に棲み、人を取って食うのは決まって鬼婆ですし、猫又などの妖怪が化けているのもたいていは老婆です。

民話では、よく魔女が珍妙な薬を煮立てている場面が出てきますが、薬の調合には正確な知識が要求されるものです。そう、魔術には知識が要求され、知識の積み重ねには相当の年月(すなわち年をとること)が必要なのです。普通の人でも高齢者は独特の雰囲気を持っているものです。神経痛の痛みによって天気の変わり目を当てる老人がいれば、豊富な人生経験から人の顔色を読むことぐらいできる老人もいます。そんなところから「魔法を使えるのは老人である」という概念が生まれたのでしょう。

ではなぜ、老婆なのでしょうか? 老爺ではいけないのでしょうか?

ここでアーサー王の宮廷付き魔術師マーリン（Merlin）や、トールキンの賢者ガンダルフ（Gandalf）を思い浮かべた人はちょっと待っていただきたい。彼らは例外的な存在なのです。マーリンというのは、どちらかといえばケルトのドルイド神官（druid）の血筋を引いており、ガンダルフはそのマーリンをモデルにしているといわれています。神官は人々から敬われますが、魔法使いは逆にうさんくさい目で見られるのです。

それではなぜ魔法使いは老婆なのでしょう。それはおそらく、統計的にいって女性のほうが長生きするからでしょう。こうした老婆が家族に養われている場合はよいのですが、身寄りもなく独りぼっちで暮らしている場合、あたりの人は彼女が何をしているのか分からないのを幸いと、勝手な噂を流して魔法使いに仕立ててあげてしまうこともありました。民話に出てくるたいていの魔女は独り暮らしです。寂しさを紛らわすために犬や猫などのペットを飼っている場合もありますが、これらの動物は魔女の使い魔とみなされました。

魔女と呼ばれる老婆の住処は、人が滅多に通わない森や山の奥の一軒屋が多いようです。人々の迫害を受けてやむなくそうした所に引き込んだのでしょう。あるいは日本の姥捨て山伝説のように置き去りにされたのかもしれません。

魔女の性格はたいてい偏屈に描かれており、彼女に失礼なことをした者には決まって不幸が訪れます（いわく、魔女に呪いをかけられた）。しかし、性根のやさしい子供や虐待されている者には同情を覚えるのか、魔法により幸福にしてやろうとするようです。

人を食う存在として描かれている魔女もありますが、人食いというのは、乱交などと同様に相手を非難する場合の最大級の悪口であり、たいていは根拠がないものです。人を食うのはハッグ（Hag：日本でいう鬼婆）と呼ばれ、魔女（Witch）とは区別されます。民間伝承では両者がまざってしまったようですが、ハッグは山や森で出会うさまざまな恐怖を人格化したところから発生したもので、本来魔女とは関係なかったのです。

多くの迷信が幅をきかせていた古代や中世では、独り暮らしの老婆がもっとも弱い存在でした。社会的地位もなく腕力もない彼女達は、知恵だけが身を守るすべだったのでしょう。しかしそれゆえに魔女とされたとすれば、これほど皮肉なことはありません。

彼女達の名前は裁判の記録以外にはほとんど残されていません。民話でも「魔法使いのお婆さん」とか「魔女」とか呼ばれるだけです。ロシアには「バーバ・ヤーガ（Baba Yaga：ヤーガ婆さん）」という有名な魔女がいますが、彼女も日本の民話の主人公の多くが「ごんべさん」であるのと同様名無しなのです。

彼女達の魔術は、おもに占い、薬の調合、幻術などで、総称してウィッチクラフト（Witchcraft）と呼ばれます。俗に人や家畜に呪いをかけたり、嵐などを呼んだりするともいいますが、それができるとすれば逆に祝福したり、嵐を鎮めたりもできるはずです。魔術は使い方次第で人を生かすことも殺すこともできるのです。要は使う本人の心づもりにあるわけで、魔術自体には白も黒もありません。人形に釘を打ったり、燃やしたりして敵を呪い殺すという術は有名ですが、同じ方法で恋を実らすことも（いわく、この人形が燃えるがごとく彼女の心も恋の炎に包まれんことを）、神の力を発現することも（神の像の目を破壊しながら、いわく、我その眼力を解放せん）できるのです。

■魔女の術

魔女の術（Witchcraft）は、技術的には呪術に属することでした。実利、効果、欲望を満たすためのもので、どちらかといえば低級魔術だったのです。これが高級魔術に進歩するためには、学問として体系づけられる必要がありました。しかしそれは一部の知識階級以外不可能だったのです。良きにつけ悪しきにつけ、昔の魔術は民間レベルであったといえるでしょう。

異端審問から魔女狩りへ

■異端審問とその真相

ヨーロッパの中世は、暗黒時代と呼ばれていました。バラバラだった国をまとめていたのは「キリスト教」と呼ばれる一神教です。神父達には知恵と教養があり、万国共通といえるラテン語を使っていました。彼らは互いに連絡をとり、ヨーロッパの民衆に知識を与えていたのです。最高の学問は神学とされ、それ以外の自然科学は未発達でした。

キリスト教は、その根本に「唯一なる神を信じてそれ以外の神を認めない」という考え方があります。ところが教団が発展するにつれ、聖書の解釈や教義の理解にずれが生じてきたのです。カトリックはこの事態を解決するため「正統」と「異端」という考え方をもちだしてきました。もちろん自分達の考えを正統とし、その教義に合わないものを異端としたのです。権力はカトリックにありました。異端の神々はすべて悪魔と断じられたのです(一部、アイルランドなどを除く)。しかし一般にこの時代の異端は正統より禁欲的かつ誠実でした。形式化した教義や儀式、あるいは腐敗した聖職者をどうにかしようとして現れたものが多かったのです。

こうした異端問題が激しく表面化してきたのは、十字軍はなやかなりし十三世紀初頭でした。カトリックを司るローマ教皇は、教父である以上に、政治家だったのです。十字軍は歴史的にみればほかの戦争となんら違いはありません。これはイスラム社会に対する一方的な侵略でした。キリスト教徒でなければ殺してもかまわなかったのです。もちろんこの理論は異端に対しても適用されました。南フランスで起こった異端(あるいは宗教改革運動)に業をにやした教皇インノケンティウス三世は、軍事力を用いてこれを抑えようと

しました（異端の宗派にちなんでアルビ十字軍といいます）。しかし、鎮圧まで二十年の月日を要したのです。これによって異端がはびこるのを恐れた教皇庁は、「異端審問」という魔女裁判の原型を生み出したのです。この異端審問が上層部に利用されるのは時間の問題でした。十字軍で活躍した「聖堂騎士団（テンプル騎士団）」さえも、異端審問によって壊滅させられたのです。

異端審問は超国家的存在でした。その教区の司教の権限を無視し、勝手に異端者の逮捕、審問（拷問）、刑の執行を行うことができたのです。異端者と噂されるだけで、もう逃れるすべはありませんでした。捕まった異端者は、拷問により確実に「罪」と「共犯者」を自白させられたのです。拷問は、指をつぶす、焼けた鉄の靴を履かせるなどに始まり、ありとあらゆる手段が考え出されました。異端者は「これ以上拷問を受けるぐらいなら死んで楽になりたい」と思うまで痛めつけられ、嘘の自白をしていったのです。ごくまれに鉄の意志を持つ者がいて自白しないこともありましたが、こちらはさらに悲惨でした。たとえば自白した者が絞首刑ですんだところを、彼らは生きながら火あぶりにされたのです。

異端に対する告発の内容には、主なるキリストの否定、悪魔との契約、性的乱交、生贄としての嬰児殺害、カニバリズム（食人）、などがありました。もちろんこれは告発する側の主張です。告発される側の意見は無視されました。「被告に対する有利な証言は認められないが、不利な証言なら認める」ということを明文化した記録さえ残っています。異端者の財産はすべて没収され、教会、政府、審問官、処刑人などは大いに私腹を肥やしました。人々の間には悪魔を恐れる気持ちが高まり、悪魔の使徒を殺せるなら無実の者を巻き添えにしてもかまわない、という雰囲気まで生まれていたのです。

こうしたもろもろの要素とともに時代は流れ、やがて旧時代の魔女達をも巻き込んでいきました。十四世紀後半から十五世紀にかけて、教会側は「すべての魔女や魔法使いは悪魔と契約を結んだ者であり、悪魔の力によって魔法を使う最悪の異端である」という無謀な結論をくだしたのです。

■新しい魔女の姿

新しい魔女は、ウィッチ[*二]（Witch）、あるいはウォーロック（Warlock）と呼ばれました。また、その行いからマレフィカス（Maleficus：悪しきことをなす者）とも呼ばれていたようです。魔女として処刑された者は、八歳の女の子から中年男性、果ては七十過ぎの老婆にまで及びました。年齢、性別、階級などとは関係なく、市長や神父でさえも逃れられなかったのです。

魔女である条件の第一は、「神への信仰を捨て、悪魔との契約を結ぶ」ということでした。魔女は「ほうきに乗って、あるいは動物などに姿を変えてサバト[*三]（Sabbat：魔女集会）に行き、そこで悪魔に魂を売り、魔術を授けてもらう契約を結ぶ」とされていたのです。悪魔は契約のしるしに、爪で魔女の体のどこかに傷をつけますが、それはあざとなって残るのです。このあざは針を刺しても痛くもかゆくもなく、血も体液も流れないとされていて、審問官達は、捕らえた魔女達を裸にし、針を片手にあちこち刺してまわりました。あげくの果てには先の引っ込む仕掛の針まで作り証拠をでっちあげたりしたようです。

サバトでは悪魔との性行為、あるいは魔女同士の乱交（新しい魔女には男も女もいました）も行われているといわれました。そしてその交わりから生まれた赤ん坊は、黒ミサ[*四](Black Mass) で悪魔に捧げるために殺され、魔女達に食われたり魔術薬の材料になったりするとされたのです。

もちろんこれらは、教会側がうちたてた魔女像です。このような魔女はよく文学作品にも出てきますが、実際にいたかどうかはかなり疑問です。捕まった者は、最初から魔女であると決めつけられ、逃れるすべはありませんでした。

拷問と密告（密告者には謝礼金が支払われた）とでっち上げの数世紀が過ぎ、その間に積み重なった屍の数は数十万から一千万といわれています。

魔女狩りは、不可解であったといわざるをえません。本当に悪魔と契約を結んだ者がいたのなら、どうして人間ごときが作った檻や拷問、刑罰から逃れられなかったのでしょう？　なぜ悪魔は魔女達を助けなかったのでしょうか？

教会側によると、契約の際に現れるのはサタンやルシファー、ベールゼブブといった首領クラスの悪魔です。地獄の首領ともあろうものが、何万人いるやもしれない魔女達といちいち契約してまわるほど暇だったのでしょうか？　しかも捕らえられた者達が行ったとされた魔術は、人をにらんで転ばせた、呪いで家畜を殺した、媚薬を使ったなど、実に陳腐なものが多いのです。強力なものでも、せいぜい人を一人呪い殺せる程度です。こんなちっぽけな魔術のために悪魔に魂を売るほど馬鹿な人はいないでしょう。

アグリッパ、パラケルスス、ファウストといった有名な魔術師達は、魔女狩りの真っ只中で生きていたにもかかわらず、槍玉にはあがっていません。せいぜい神の道へ復帰するようにと勧告を受けた程度です。勧告も与えずに殺してしまった一般人の扱いと比べて、なんたる違いでしょう。教会側は本当の魔術師達を避けていたようにもみえます。逆にいえば、魔女として死んでいった人々は魔術を使えなかったのでは？　という推測が成り立つのです。

魔女狩りの最盛期は十六～十七世紀であり、十八世紀初頭になってやっと終息しました。「魔女狩りは中世のできごと」というイメージが強いようですが、この時期はさまざまな近代的できごと……新大陸発見、ルネサンス、宗教改革が同時に起こっていたのです。魔女狩りは中世の産物ではなく近代のものだった、という事実を肝に銘じておく必要があるでしょう。現代でもナチスによるユダヤ人大虐殺をはじめ、似たようなことが起こっています。政治と結びついた宗教は、ときに信じられないような惨劇を起こします。これ以上「歴史は繰り返す」という格言が繰り返されないよう祈りたいものです。

哲人アグリッパ

アグリッパは、四大元素（地水火風）以外の第五の元素として、世界精神をあげるなど、錬金術師としても知られていました。

話によれば、彼の研究室に忍び込んで、魔術書を勝手に使った男が、呼び出された悪魔に縊り殺されました。帰ってきたアグリッパは、その惨状を見て何が起こったか理解できましたが、もはやどうすることもできません。せめて自分に殺害の疑いがかからないように、悪魔に「姿を消して、死体を市場で歩き回らせた後、手を離して倒れさせろ」と命じました。人々は、青ざめた顔の男が、ふらふらと歩いていたと思いきや、倒れて死んだので、心臓麻痺か何かだろうと考えて、アグリッパを怪しむ者はいなかったそうです。

西洋魔術とその背景

魔術師は、さまざまな偏見と戦いながら暗黒の中世および近世を生きてきました。では、偏見に左右されない本当の意味でのソーサリー（Sorcery：魔術）とはどういうものなのでしょうか？

西洋魔術全体を表す場合、ソーサリーはより一般的なマジック（Magic）[*六]という単語と置き代えが可能になります。マジックの人称名詞はメイジ（Mage）またはマジシャン（Magician）ですが、この三つの単語はいずれもペルシアで発生した拝火教のマギ僧（単数：Magus 複数：Magi）から派生した言葉です。ギリシア、ローマの人々には彼らの使うあやしげな術（特に占星術）が強く印象に残ったのでしょう。

では、西洋の魔術はペルシアに発生するのかといえばそうではなく、術自体の源流はエジプトにあるのです。エジプトは古代におけるもっとも輝かしい文明の中心地の一つでしたが、現代社会と違い物質文明だけでなく精神や霊に関する文化もかなり発達していました。再生を願いミイラを作ったことに象徴されるように、エジプトでは死後の世界の存在は当たり前のこととして受け入れられていたのです。

エジプトの栄光が崩れ去った後、その思想を継承した者達がいました。一つはカバラに代表されるユダヤの秘教です。『出エジプト記』には、モーゼやその兄のアロンが海を割って道を作ったり、杖を蛇にしたり、川を血で染めたりとさまざまな奇跡を行ったようすが書かれています。しかし現在解読されている古文書をみると、エジプトの魔術師達も同じようなことをしていたことが分ります。モーゼの奇跡がエジプトの魔術であったとまではいいませんが、少なくともその影響を受けていたことは確かなようです。

もう一つはヘルメス学です。これは東西文化の交流地であるアレキサンドリアで発展した学問の一種です。ヘルメス学は、魔術、錬金術、哲学、医学、幾何学、そしてバビロニア起源の占星術などを含んでいました。創始者はトート・ヘルメス・メルクリウス・トリスメギストス（Thoth Hermes Mercurius Trismegistus：普通ヘルメス・トリスメギストス、あるいはヘルメス・トートと略されます）とされています。彼は、トキの頭をしたエジプトの神であるトート、ギリシアの神でゼウスの使いであるヘルメス、ローマのメルクリウス（マーキュリー）の三神が習合したものです（ヘルメスとメルクリウスを同一神とみた場合は二神）。「トリスメギストス」というのは三倍の力という意味で、三神の習合と、過去、現在、未来を見通す力を表しています。また、三神は知恵、言葉、学問を司るものとされており、これは知識こそ魔術の本質であるということを暗示しているのです。

ヘルメス・トリスメギストスは、その教えをヘルメス文書として残したといわれています（実際は後代の擬作でしょう）。ヘルメス文書は二万〜四万冊に及ぶとされていますが、後のキリスト教の弾圧によって破棄され、今日残されているものはわずかになってしまいました。さまざまな霊を支配する無限の力を秘めた『トートの書：The Book of Thoth』、錬金術の秘法を記した『エメラルド・タブレット：Emerald Tablet』、宇宙の構造と世界の創造、人間のありかたを記した『ポイマンドレス：Poimandores』[*七]などがその代表作です。

エジプトから分派したこの二つの流れは、ドイツの医師にして軍人、科学者にして魔術師のハインリッヒ・コルネリウス・アグリッパ・フォン・ネッテスハイム（Heinrich Cornelius Agrippa von Nettesheim 一四八六〜一五三五）によって統合されました。アグリッパの生きていた時代は魔女狩りの真っ只中です。彼は教会がいう魔女の術（Witchcraft）と魔術（magic）をはっきり区別して扱ったため、しばしば教会と衝突しました。公然と魔女狩りの非を責めたともいわれます。そのためか彼は放浪生活を余儀なくされ、失意のうちに死を迎えたのです。彼はその著書『オカルト哲学：De Occulta Philosophia』の中で、ヘルメス学とカバラを統合し、民間伝承における自然魔術や呪術、魔法における人間の精神力の重要性についても言及し、キリスト教的考え方を導入しています。また、独自の悪魔学によって新たに多くの悪魔（devil）や魔神（demon）、天使

(angel)、精霊（spirit）を分類、整理しています。これによって彼は近代魔術（あるいはオカルティズム）の父と呼ばれているのです。

■魔術の目的

これまでみてきたように、西洋の魔術にはエジプト学、カバラ、ヘルメス学、占星術、拝火（ゾロアスター）教およびキリスト教的考えなど、多くの思想が入り込んでいます。もちろんこれ以外にもたくさんの文化が入り込んでいるわけですが、おもなものはこれくらいでしょう（近代や現代では、ヨーガや仙道、密教などとの融合の試みもみられます）。魔術の理解と実践には、なみなみならぬ知識と理解力が必要なのです。英語にウィザード（Wizard）という魔術師を表す言葉がありますが、Wizardというのは中世英語のウィズ（wis：知恵）という言葉から発生しており、この辺の事情をよく表しています。実在した魔術師は、いずれも博識で、たいていが神学、医学、法学、歴史、数学などの諸学を修めていました。

魔術の目的は、知識の探求によって、自己を高めようとすることにあり、術自体は方法にすぎません。術自体を目的とする魔術は欲望を満たすにすぎず、しまいには身の破滅をまねきます。このような邪術と区別するために、本来の魔術を高等魔術と呼ぶこともあります。しかし、中世に出回った魔術書[*八]の中には、低級魔術と高級魔術のごった煮といったものが多くみられます（たとえば若い女性を下着姿で踊らせる方法など）。このような傾向が魔術をうさんくさいものと思わせる一因になったことは否めないでしょう。

魔術は、ユダヤ・キリスト教によって、終生うとまれつづけてきました。聖書にも「また占いする者、卜者、易者、魔法使い、呪文を唱える者、口寄せ、かんなぎ、死人に問うことをする者があってはならない。主はすべてこれらの事をする者を憎まれるからである。（『申命記』第十八章十〜十二節）」とあります。なぜキリスト教は魔術を排斥したのでしょうか？

思うに、魔術の目的に知識の探求というものがあったからではないでしょうか。アダムとイブが楽園から追い出されたのは、神のごとき「知恵」を得ることができるという禁断の果実を食べたからですし、堕天使ルシファーが放逐されたのは天上にのぼって神のようになろうとしたためでした。キリスト教徒は、あくまでも知識を追い求める魔術師の中に、人類の始祖やルシファーと同様な「不遜」な態度を見い出したのかもしれません。

■魔術の基本概念一　異世界

魔術の根本に「宇宙には肉眼では見えない、この世とは別の世界がある」という考え方があります。この世界は宗教的には地獄とも天界とも冥界とも呼ばれ、魔術的には精霊界（spiritual plane）とか星幽界（astral plane, cerestial plane）と呼ばれます。この世界には、天使、悪魔、妖精、四大精霊、神々、さまざまな霊、魔物などがそれぞれの階層別に存在するのです。彼らは基本的には肉体を備えていませんが（ただし、霊体のような形で、確固たる存在を持っています）、さまざまな方法で現実世界に干渉することができます。

その一つは人間の精神に直接働きかけるものです。ご存じのように人間は物質的な肉体と、非物質的な精神とによって成り立っています。異世界の住人達は後者に影響を与えることができます（病は気からという言葉にも現れているように、精神的な変化は肉体にも影響を与えます）。神々から与えられた影響である場合、人々はこれを天啓と呼びますが、悪霊からの場合は外的憑依（obsession）と呼ばれます。これは、自分にしか聞こえない声が聞こえてくるといったような現象を指します。これがひどくなると内的憑依(possession)となって霊に身体を乗っ取られることになるわけです。霊は人体に憑依し、その人を操ることによって、物質世界に影響を与えることができます。

もう一つは、霊が直接実体化するものです。俗にエクトプラズム[*九]（ectoplasm）と呼ばれるものが、この霊的存在の身体を形成します。東洋には神の化身と呼ばれるものがいますが、これも神が実体化したものと捉えられます。

以上のようなことは、異世界の存在が勝手にこちらに干渉してくる場合ですが、この過程を意識的に制御する術を身につけたものが魔術師なのです。それによって彼らは実体のない存在を「見る」ことができ、霊の召喚、悪魔払いなどを行うことが可能になるのです。また多くの霊と交流することにより、さまざまな知識を得ることもできます。逆に自分の精神を肉体から切り離し、星幽界に存在する霊を直接訪問することも可能でしょう。現実世界の別の場所で実体化すれば、同時に二箇所に存在することもできるわけです。

■魔術の基本概念二　世界と人間の対応

魔術の大切な考え方の中に「小宇宙たる人間は、大宇宙たる現実社会に対応している」というものがあります。これは、星座やそのほかの社会現象を見ることによって人間の運命を知ることができるということです。さきほど述べた星幽界もまた、現実社会に影響を及ぼし、逆に現実社会の影響も星幽界に現れるのです。もちろん小宇宙たる人間も、ある程度なら現実社会や星幽界を変えることができます。その際に用いるのがやはり魔術なのです。

では以下、ユダヤのソロモン（Solomon）王に始まるといわれている魔神の召喚からはじめて、いくつか実際の魔術の例をあげることにしましょう。

■魔神召喚とソロモン王

ソロモンは、イスラエル王国を最大まで広げたといわれる、紀元前十世紀頃の人物です。「ソロモン」とは平和の人という意味で、治世が平穏であるようにという願いを込めた父王ダビデによってつけられた名前です。ソロモンの治世下、王国の栄華は筆舌に尽くしがたいものがあり、アラビアやエジプト、地中海など多くの国からたくさんの使節がやってきました。聖書（『列王記上』、『歴代誌下』など）の記述によると、彼は義兄アドニヤの王位継承をめぐる反乱をおさえたあと、神の啓示を受けました。主なる神から「求めるものはなんでも与えよう」といわれたソロモンは、知恵と知識を授けてもらったのでした。そのおかげか、彼は行政、司法、文学、植物学、動物学などに比類なき才能を発揮しました。真の母親を見つけるために子供の手を引っ張らせたのは彼が最初でしたし、聖書の箴言や雅歌、伝導の書を書いたのも彼とされています。

ソロモンの業績のなかで一番有名なのは、十八万を超える人手と七年の歳月を要した壮大なる神殿を建てたことです。ユダヤの伝説では、この建設にペルシアの魔神アスモダイ(Ashmedai)の力を借りたことになっています。

ソロモンは、神殿建設に使う石を切断するために、シャミール(Shamir)を必要としました。シャミールとは、天地創世の六日目に作られたといわれている不思議な石（あるいは虫）です。彼はそのありかを知るため、多くの知識を有するといわれる魔神の王アスモダイを捕らえ、シャミールが「大洋の守護者」によって守られていること、そして「大洋の守護者」がヤマシギ以外には心を許さないということを聞き出しました。そこで彼は、ヤマシギのひなを捕らえてガラスの器に閉じ込めたのです。ひなを奪われた親鳥はルを借りました。ひなの閉じ込められているガラスを切断するためです。親鳥がやってきたところをすかさず捕らえたソロモンは、シャミールを手に入れ、これを用いることにより無事神殿を完成させることができたのです。

ソロモンが魔神達を使役したというのは有名な話です。その伝説をもとにした魔術書は『ソロモンの誓約（Testament of Solomon)』、『レメゲトンあるいはソロモンの小鍵（Lemegeton or the Lesser Key of Solomon)』、『ソロモンの鍵（Clavicle or Key of Solomon)』など多数残っています。聖書の記述によると、晩年のソロモンは異教徒である千人の妻達のためにアスタロト（Astaroth)、モーロック（Molech）などの魔神のいうがままになっていたとされていますが、唯一神のみ称える聖書の構造を考えると事実はやはり逆ではなかったかと思われます。またコーランや『アラビアンナイト』（『千夜一夜物語』）の中では、アラビアの魔神であるジンやイフリート達を使役し、指輪や壺などに封じ込めたことになっています。このとき封じ目に刻まれた印が六芒星形であったことから、この印をソロモンの封印と呼びます。

『レメゲトン』によれば、ソロモンによって封印された魔神は七十二柱で（魔術書によって柱の数と名前には多少の異同があります)、それぞれ持てる知識と力が違います。たとえばガープ（Garp）には未来を見通したり魔術師を瞬間移動させる能力があり、ブエル（Buer）は哲学と論理学に秀でていて疫病を治すこともできるといった具合です。

K

ところで魔神を封じて湖の底に沈めていた青銅製の壺は、後にバビロニア人によって開封されてしまいました。おかげで後の魔術師も、魔神を召喚、退去させることができるわけです。

『ソロモンの小鍵』によると、魔神を召喚する際は、まず身を清め、適当な床に魔法円を描くなどいくつかの儀式を済ませた後で呪文を唱えます。たとえば魔界の首領ルキフグ(Lucifuge Rofocale)を呼び出すならこうです。

『誓約せんとする霊のための偉大なる呪文：ソロモンの偉大なる鍵』より

「帝王ルキフェル、謀反せしすべての精霊の長よ、誓約のために御身の偉大なる臣ルキフグ・ロフォカルを呼ばいしわれを、莞爾として許したまえ。しかしてベールゼブブ公、こころみんとするわれを守りたまえ。

おお、アスタロト伯！慈悲の心もちて、今宵大ルキフグを、わが前にて悪しきにおいともなわぬ人の姿をとらしめ、わがせんとする誓いによりて、わが求める富を承諾させたまえ。

おお、大ルキフグよ！汝この地のいずくにおるとも、去りて来たりて、われに語るべし。しからざれば、われ偉大なる生ける神と子と精霊の力もちて汝を強制せん。

ただちにしたがうべし。したがわざれば自ら反逆天使を呪縛にて誓わせたもうた〝ソロモンの偉大なる鍵〟の言葉に秘められたる力にて、汝永劫に苦しめられん。よや、とく来たれ！来たらざればこの〝鍵〟の力秘めたる言葉にて汝を永遠に苦しめん：アギオン、テラグラム、ヴァユヘオン、スティミュラマトン、ユ、エシュティオン、エグズィスティオン、エリョーナ、オネラ、ブラシム、モユム、メッシアス、ソテル、エマニュエル、サブート、アドナイ、テ、アドロ、エト、インヴォコ」

このように、魔神の召喚方法は、まず下手に出ておいて懇願した後、神やパワーのある存在の名を出して脅迫するというのが普通のようです。また、魔神ごとに苦手な天使が決まっており、その名を出すのも効果があるとされています。目的を果たした後は、なだめすかしてできるだけ早く退去してもらうようにします。方法は、召喚を参考に推察してください。この退去の方法は悪魔払いにも通じます。召喚、退去ともにいえるのは「魔術師は断固たる意志をもってこれに立ち向かわなければならない」ということです。

似たような方法で、神々や妖精、死者の霊も召喚することができます。しかしこれらに対しては応対に気をつけたほうがいいでしょう。魔神に対するような高圧的な態度では、いうことをきいてくれない霊もあるからです。

■幻術とファウスト博士

最後は、大魔術師ともペテン師とも呼ばれるドイツのヨハネス・ゲオルク・ファウスタス博士（Dr. Johannes Georg Faustus：ファウスト）の登場です。彼は魔術における二大哲人であるアグリッパ、パラケルススとほぼ同時代の人物です。ハンスヨルク・マウスの説によると二人ともファウストと会ったことがあるようです。ソロモン同様、中世から近世にかけての魔術書には、彼の作だといわれているものが多数あります（『地獄の強制：Hell's Coercion』、『偉大にして有能なる海の亡霊達：The Great and Powerful Sea Ghosts』など）。彼はまた、数々の問題ある言動と伝説的な死で話題を残し、ゲーテをはじめとする芸術家達の作品に残って、永遠の命を獲得した不滅の人でもあります。

ファウストは一四七八年頃、ドイツの片田舎にあるクニットリンゲンなる町で産声をあげました。語学、神学、占星術、算術などを修め（ハイデルベルク大学をトップで卒業し、これによって博士号を得る）、それでもあきたらず医学や錬金術、魔術に手を染めました。彼は、医学、錬金術から得た知識により薬を調合し、病人、怪我人を治してやったのです（ない人からはお金をとりませんでした）。以前から占星術で人気のあった彼は、これによりますます人気を高めたのでした。

ファウストは酒好きでした。特に学生達と飲み歩くのを好み、よく大ぼらをふきました。「キリストが行った奇跡なんて大したことはない。あんなことは俺にだってできる」、こんな調子だったといいます。当然彼は教会に目をつけられ、教会側は、クリンゲという敬虔な神父を送り込み、ファウストに「悪魔との契約をうちきり、神の道に復帰するように」と勧告しました。これに対してファウストは次のように答えたのです。

「ご説もっともなれど、悪魔と契約しておいて再び神の道に戻るというのは、契約違反です。そんなことはできません」

これによりファウストは悪魔の友だという噂が確定してしまったのです。

しかし、事実はどうだったのでしょうか？　ソロモンの項で述べたように、魔術師は悪魔（魔神）を操ることはあっても、その奴隷になって働くなどとは考えられません。またファウストのユーモリストとしての一面や、権力者に対して持っていた反感も見逃せません。

ファウスト伝説の中の有名な一節に、彼がローマ教皇のもとを訪れた話があります。腐敗しきった教皇は日々ぜいたくな食事をし、婦女子と遊び回り、民衆をだましていました。それを見たファウストは、姿の見えなくなる魔法を使って教皇をこらしめるのです。教皇が十字を切るたびに息を吹きかけたり、誰もいないはずの聖堂の中で笑ったりすすり泣いたりしてヴァチカンを混乱のるつぼにおとしいれたのでした。もちろんぜいたくな食事をつまんだり、酒を飲んだりすることも忘れなかったということです。

またトルコでは、雷鳴や炎とともに皇帝のもとに現れ、「われはマホメットである」と大芝居をうち、ハレムを霧で隠し、その間に中の女達と情事にふけるというまねをしたといいます。

こうした伝説から考えると、クリンゲ神父の説教に対する言葉も大芝居だったのかもしれません。真っ赤になって怒る神父を見て内心ほくそ笑んでいたのではないでしょうか。

ところで、ここにあげた説話にも現れていますが、ファウストは人の目をあざむく幻術を得意中の得意としていました。その種類もバリエーションに富んでいます。

一つは、無礼な百姓の荷車をまるごと食べてみせたり（あくまで幻です）、木にぶどうをならせ、喜んだみんながつまんで食べようとしたらお互いの鼻だった、といった種類の幻術です。こうした術は、集団暗示や催眠術を延長した魔術ではないかと思われます。

もう一つは、皇帝の命でアレキサンダー（の霊）を呼び出し、学生達にはヘレネ（その美貌でトロイを滅ぼしたとされる人）の姿を見せたりといった種類の幻術です。こうした術は降霊術とも受け取れますが、もしかすると、五感のすべてに訴える究極の幻術だったのかもしれません。自分や自然界のエクトプラズムを使って、望むがままの姿を作りあげるのです。

幻を得意とするがゆえにペテン師と呼ばれ、人をからかうことが好きだったために悪魔の下僕と呼ばれたファウスト博士。しかし彼はそんな風評など気にせず、激動の十六世紀を笑い飛ばして生きていたようです。

彼の死は一五四〇年、ある男爵の城の中での突然の出来事でした。生涯留まるところをしらず妻もめとらずに晩年を迎えた彼は、錬金術師として召しかかえられることになりました。

そして突然の爆音！　かけつけた人達が見たのはバラバラに弾けとんだ肉塊でした。化学実験の手違いによる爆死だったと思われます。その衝撃的な死により、人々は「ファウストは悪魔に連れ去られた」と信じ込んだようです。それにしてもなんと豪快な、なんとそそっかしい、そしてまたなんと彼らしい最期でしょう。筆者はファウストの破天荒な人生とどんでもない死に乾杯を捧げたいと思います。ケレパヤ！

護符

西洋の護符には、アミュレット（amulet）、タリスマン（talisman）、チャーム（charm）、マスコット（mascot）といったものがありますが、それぞれ微妙に意味が違います。

アミュレットに一番近い日本語は「魔除け」でしょう。それ自体に能動的な作用はないものの、外部からの邪悪な働きかけから守ってくれる効果があります。タリスマンはもっと能動的です。特定のパワーを秘めており、これを持つ者になんらかの力を与えてくれます。「呪符」と訳すのが適当でしょう。チャームまたはマスコットは単純な「幸運のお守り」といったところで、ほとんどおまじない程度のものです（四つ葉のクローバー、蹄鉄、兎の足、五円玉など）。チャームはジンクスの領域に入り、魔術とはほとんど関係がありません。

総じて護符とは、偉大なる霊（神々、惑星の霊など）の力を特定の物質に集約させたもので、霊のシンボルやそれに関する言葉を刻んだりして作成するものです。もちろん、ただのマークや呪文が書いてあるだけで星幽界とのつながりがないものには何の効果もありません。また、同様のエネルギーを剣に込めるといわゆる「魔法の剣」ができ、矢に込めると「破魔矢」ができるというわけです。ちなみに物質に霊的魔力をこめることをエンチャント（enchant）といいます。

エンチャントに用いるエネルギーには、二つの種類があります。一つは人間の精神エネルギーで、名匠の作った剣などがこれにあたります。この場合、エンチャントの強さは製作者の精神力に比例しますが、多大なる精神疲労をもたらすため何本も作るのは不可能です。もう一つは星幽界や宇宙に満ちているエネルギー（神々の力も含む）を使うものです。真の魔法使いたる者は、後者の方法を用いるのです。

ただ、物質には人間のさまざまな執着がしみつきやすく、こうしたものは護符と似て非なる効果をもたらします。魔剣と呼ばれるものがいい例で、作った者や、以前使用していた者の「怨念」がこびりついているため、持ち主を破滅に導くのです。

例外的な護符として、死者のパワーを使うものがあります。「栄光の手（Hand of Glory）」や「聖遺物（Relics）」がこれにあたります。

「栄光の手」は絞殺された死体の左手を切り取り、乾かして塩漬けにしたものです。これを持っていると魔術を行うのが容易になり、ロウ化した指先に火をつけると、そこから出る煙は人を眠らす作用があるといわれています。

「聖遺物」は聖者の遺骨や遺髪、あるいは生前身につけていたもの、その聖者を殉教させた道具などのことで、これを持っていると聖者の守りが得られるとされています。中世の剣の柄には、グリップエンドの部分にものを入れるための器がついていることがありますが、騎士はここに「聖遺物」を入れて守護を頼んだのです。ですから剣にかけて誓うのは、同時に「聖遺物」の聖者に対して祈りを捧げることでもあるのです。少し形は違いますが、アーサー王伝説の中の聖杯探索に登場する聖杯と聖槍も「聖遺物」の一種といえるでしょう。

＊一　**妖術**　日本の忍者や妖術使いが使う怪しげな技を想像させるので、筆者としてはソーサリー(Sorcery)を「妖術」と訳すのは多少問題がある気がします。

＊二　**Witch/Warlock**　Witch も Warlock も、男女の区別なく用いられました。男の Witch が Warlock と呼ばれたという説もありますが、あまり根拠がないようです。J.B.ラッセルによれば、Warlock は古英語の Waer（真理）と leogan（嘘をつく）の合成語で本来は偽善者を意味していたといいます。また witch が知恵を表す中世英語の wis に由来するという説にも根拠がなく、本来インド・ヨーロッパ語の weik（宗教とか呪術などの意味がある）からきたもののようです。

＊三　**サバト**　この語はユダヤのサバース（Sabbath：安息日）に由来します。当時のキリスト教徒は、ユダヤ教に対する差別意識からこの単語を用いたようですが、本来サバトとユダヤ教とはなんのつながりもありません。もともとはデュオニソスやパンなど異教の神々の豊饒の祭りだったものが、キリスト教の浸透によって水面下に押しやられたものです（山羊の姿をした悪魔というイメージは、パンやサテュロスからとられたものです）。豊饒の神だけあって性的に奔放な面があり、実際この祭りの際に神官や巫女、信徒などが性的乱交をしたという話もあります。また神降ろしをする過程で、幻覚を誘発する効果のある軟膏や飲み薬を使ったため、異様な魔物の幻覚を見ることがあったようです（こ

れが後に空を飛ぶ魔女や、悪魔崇拝などにつなげられていくのです）。中世ではこの形式が崩れ、下層階級の人々が日頃のうっぷんをはらすために催す、ただの「らんちき騒ぎ」になってしまいました。もちろん、キリスト教とも魔術とも何の関係もありません。

＊四　**黒ミサ**　これも魔術とは関係ありません。古来ユダヤ教には、自らの罪を子羊などに背負わせて神への生贄とし、それによって罪をあがなう「贖罪」という考えかたがありました。この子羊の代わりに女子供を捧げるという犯罪的かつ狂気的儀式が黒ミサなのです。おもにルネッサンス期に上流階級の婦人や一部の瀆神的な神父、牧師などの間ではやりました。

＊五　**サタン／ルシファー／ベールゼブブ**　それぞれ Satan/Lucifer/Beelzebub。ただし魔神、悪魔のつづりには多くのものがあり一定していません。たとえばベールゼブブは Beelzeboul, Beelzebul, Baalzebub などと書くこともあります。

＊六　**magic**　ここでいう magic とは呪術のことではなく、あくまで魔術という意味です。magician というと、帽子から鳩を出したり、ステッキを空中に浮かべてダンスさせる奇術師を思い浮かべる人もあるでしょうが、これは魔術師と区別してコンジャラー（conjurer）とかコンジュレイター（conjurator）と呼びます。なおマギ僧から各単語への派生順序は、次のとおりです。magus→magi→mage→magic→magician（一部省略）

＊七　**ポイマンドレス**　コプト語（ギリシア文字で書かれるようになった末期エジプト語）で太陽神の知識という意味。ヘルメス神の別称です。この文書は正式には『ヘルメス・トリスメギストスなるポイマンドレス』といい、求道者にポイマンドレスが啓示で答えるという形式をとっています。

＊八　**魔術書**　英語では grimoire といいます。多くは中世に作られたもので、有名な魔術師によって書かれました（あるいは、そうされています）。有名なものとしては本文中にあげたもののほかに『ホノ

リウスの書：The constitution of Honorius』、『赤き龍：Red Dragon』、『黒き鶏：The Black Hen or Pyramids』、『大魔術書：The Great Grimoire』、『ピラミッドの賢者：The Sage of Pyramids』などがあります。

＊九　エクトプラズム　霊媒が身体から流出させる疑似物質で、独特の内側から光っているような輝きがあります。霊媒の意志によっていろいろな形をとり、霊などを実体化するのに使われます。魔術では、地水火風の四大元素を転換させて作ることも可能です。

八 ヴードゥー教 —— Voodoo

ヴードゥー教
Voodoo

■過去から現在へ

ヴードゥー教は中米のハイチで発生した宗教で、その司祭が行うゾンビの魔術で有名です。

ハイチは、またの名をイスパニョーラ島と呼び、カリブ海に浮かぶ島々の中では、キューバに続いて第二の大きさを誇っています。一四九二年、アメリカ大陸を発見したコロンブスは、初めて上陸したこの島に艦隊のスポンサーであったスペインの名を冠しました。その後ここは、西はフランスに、東はスペインに支配されることになります。

白人達は農場で使役する労働力を遠い暗黒大陸アフリカから運んできました。人権のない人間、すなわち奴隷として黒人を連れてきたのです。

この黒人達がつくり上げた宗教、それが魔術的宗教ヴードゥーなのです。

現在ハイチは、ハイチ共和国とドミニカ共和国に分かれていますが、やはりなおヴードゥー教はすたれていません。それどころか、ハイチに始まったこの宗教は、カリブ海の島々はおろか合衆国南部や、ブラジルの奥地にまで広がっています。

ヴードゥー教は、黒人達が祖国アフリカから運んできた宗教がハイチで独自の発展を遂げたものですが、虐殺されていったインディオ達の考え方も反映されています。キリスト教の影響も認められます。ヴードゥー教徒は、自分達のことをキリスト教徒でもあるというそうですし、唯一なる神の存在は彼らも認めています。教会にはきちんと十字架があり、主なるキリストも崇拝されています。

唯一なる神と、さまざまなロア

澁澤龍彦によれば、ヴードゥーとは「瞑想 voo」と、「未知なるもの doo」という二つの単語を合わせたもので、瞑想によって真理を見極めるという意味だとされています。しかしロバート・ガバー（Robert Gover）によれば「宇宙の創造者」という意味で、唯一なる神を表します。

ヴードゥー教の考え方では、神は遠いもので人間はその存在を実感できません。神自身も、直接人間世界に干渉してくることはありません。人間と交流するためには、神はロアというものに形を変えなければなりません。

ロアは自然の力の一部分を象徴した形で表される霊的存在です。自然にはさまざまな姿があるように、ロアにも多くの種類があり、それによって名前が違います。たとえば、植物やジャングルのロアはロコといいますし、海や水の女神はエルズリといいます。ロアは多神教でいう神々にあたりますが、その力はすべて唯一なる（キリスト教の）神に由来するというところがほかの宗教と異なる点です。

至上のロアは、ダンバーラです。一般に緑の蛇の姿で表され、この世の始めから存在していたとされています。彼は大地が海の底に沈まないように、その身体でしっかりと支えていました。やがて地が固まり、もう沈む心配がなくなるとダンバーラは空に上り、天の星と地の万物を造りあげました。そして恵みの雨を降らせ、そのときに生じた虹であるアイダ・ウェドを妻にして、人間の体内に宿る霊を生み出したのです。霊はダンバーラのもとから来て、死後またそこに帰ります。ハイチの人々にとって、霊魂の輪廻転生は当然のこととして受け取られています。

■ロアの神官

一般人はロアに祈りを捧げることしかできませんが、神官はその力を借りることができます。男の場合パパロイまたはオウンガン（Papaloi, Houngan）と呼ばれます。女はママロイあるいはマンボ（Mamaloi, Mambo）です。助手をする巫女はオウンシス（Hounsis）といいます。

彼らはロアをその体内に引き降ろして（神降ろし）、ロアの力を発揮します。人と神は一体化します。たとえば火と戦争と鍛冶のロアであるオゴウンに憑依されたものは、火の中に倒れても、真っ赤に焼けた炭を持ったり口に入れたりしても傷つきません。

またロアの力を借りて人間の魂を操作することもできます。人を害するための邪術を行う者は、ボコールと呼ばれてオウンガンやマンボとは区別されます。ただしハイチでは、悪を知らない善は悪に打ち勝つことができず、善を知らない悪も善に打ち勝つことができないという考え方があり、オウンガンもまたボコールの術を行えます。

もちろん恣意的に邪悪な術を使うことは禁じられており、そのために神官達は、教団あるいは結社といった組織を作っています。また結社は同時にハイチの生活の多くの部分をとりしきっています。この結社を知らなくてはハイチの本当の姿は分りません。結社は生活共同体であり、人々の生活を保証するための社会福祉はおろか、行政や司法をも司っています。対外的、表面的な政府は当然別にあるのですが、ハイチの内的な政府はこの結社なのです。したがって彼らは神官であると同時に、国の役人をも兼ねているのです。

式典（ダンバーラの祭り、成人式など）があると、神官たちは盛大なる儀式を行います（現在では観光用のショーもあります）。儀式ではたくさんの太鼓や、アッソン（マラカス

のように振って音を出す楽器）によって、盛大な打楽器演奏が催され、人々の意識を高揚させます。人々はオウンフォール（祭壇）を輪になって囲み、古きギネー（伝統的なアフリカ大陸）から伝わる歌を歌います。四隅にはかがり火がたかれ、中央にはロアがオウンフォールに降りてくるためのポト・ミタンという柱が置かれます（日本でいう鳥居にあたるのでしょうか）。聖水がまかれ、黒い牝鶏や牛、山羊、羊などが犠牲にされます。その血を身体にふりかけたり飲んだりすることによって、人々の興奮は頂点に達し、みな歌いながら踊りだします。そのうちに赤や黒の長衣を着た神官や巫女（オウンシス）が神がかりになり、彼らの身体を借りたロアは予言や助言をするのです。

ハイチの人々にとって、霊界はかなり身近なものであり、霊の一種であるロアの訪れも、当然のものとして受け取られています。彼らは、死ねば自分の魂は故国であるギネーに帰れると思っていますが、ギネーは霊界をも意味しています。霊界に帰った魂はロアと交わり、ロアの中に溶け込み神と一体化します。死んでいった人間の霊は神やロアの一部になるので、そういった意味では、式典は自分達の祖先を呼び出す儀式ともいえます。

■ヴードゥー教に関する迷信

ところで、ヴードゥー教といえば忘れてはならないのがゾンビの存在です。ゾンビ、すなわち生ける屍は、映画のスクリーンの中でさまざまな活躍をし、ホラーやスプラッタが好きな若者の人気を呼んでいます。腐敗しかけた身体を動かして人間を襲うその姿は、恐怖以外の何物でもありません。しかし、ヴードゥー教でいうゾンビというのは本当にそういったものなのでしょうか?

ヴードゥー教には、ほかにもさまざまな誤解がついて回っているようです。いわくヴードゥーは暗殺教団で、主義にそわぬものは殺される。いわく彼らは悪魔崇拝者で、子供を生贄に捧げ、その肉を食べ血をすすっている。などなど。

これは現地に取材にきた人々が、興味本位に書き立てたデマで、実情はまったく違います。薬剤を自由に操る神官たちは、暗殺を行おうと思えば確かにできますが、それは罪人に対する刑罰の一つとして行われるのであって、個人的恣意的になされるものではありません。悪魔崇拝といわれるわけは、ヴードゥー教徒がダンバーラ・ウェドという蛇のロアを信仰していたからでしょう。ご存じかと思われますが、蛇はキリスト教では悪魔の象徴なのです。また、生贄は動物に限られ、人間を使うことは決してありません。ヴードゥーの要素の一つにキリスト教が入っていることを考えると、これは当然でしょう。

それでは、ハイチの人々の宗教感がどういうものなのか考えながら、ゾンビを含むヴードゥーの術を、いくつか見ていくことにしましょう。

人間の魂とロアの関係

霊や神々の存在があたりまえの社会では、人間の霊魂はいくつかの要素に分けて考えられます。『死者の書』で有名なエジプトでは、人間の霊魂を死後墓場をうろつくカーと、冥界に飛んでいくバーに分けましたし、同様の区分は神仙思想の盛んな中国でもなされています（魂と魄）。民族植物学者としてゾンビの謎の解明に挑んだ、ウェイド・デイヴィスの著書『蛇と虹』によると、ハイチでは霊魂を構成する要素は四つあるとされています。

第一の霊魂はゼトアールです。[*一]これは人間の運命を決める星で、その人間の魂の流転が記録されており、ここから前世、現世、来世の要素を引き出すことが可能です。

ナームと呼ばれる第二の魂は、いわば生気です。肉体を生かす力で、死ぬと十八ヶ月かかって土に帰っていきます。その間肉体は、ゆっくりと腐敗していくわけです。

第三はグロ・ボナンジュで、大いなる善の天使という意味です。これは神が個人に与えた力の一部で、すべての生き物がグロ・ボナンジュによって神とつながっています。人間が死ぬと、グロ・ボナンジュは神のもとへ帰ります。

これと対を成すのが、第四の霊魂ティ・ボナンジュ、すなわち小さな善の天使です。これこそが個人の人格を成している魂の本質です。したがって、魂のもっとも根本であるティ・ボナンジュを操作することによって、その人間を不快にしたり病気にしたり、逆に治療したりできます。

ティ・ボナンジュは夜寝ているときなどに、肉体（コルプ・カダーヴル）を離れて一人歩きすることがあるため（日本でいう生霊のようなものです）、放っておくと悪企みをしている連中につかまってひどい目にあいかねません。これを防ぐために、ヴードゥーの神官たちは成人式を迎えた若者たちのティ・ボナンジュを、カナリと呼ばれる壺の中に保管します。その人が死ぬと、神官はカナリからティ・ボナンジュを取り出します。ティ・ボナンジュは肉体のまわりを七日間うろついた後で海の底に沈み、やがて霊界へと旅立っていきます。ティ・ボナンジュはロアの集う霊界でロアと交流し、一体となります。ここにおいて、人の魂は神と同化するのです。したがって、ロアは神の現れであると同時に、人間の現れでもあるのです。

人間はこれら四つの魂と、肉体であるコルプ・カダーヴルが合わさってできています。そしてロアによる憑依は、肉体への霊の帰還であり、霊界からのフィードバックなのです。霊のない肉体は不完全であり、肉体のない霊もまたそうです。したがって霊であるロアがこの世に現れるには、どうしても神官の肉体を借りる必要があるのです。

ちなみに、グロ・ボナンジュとティ・ボナンジュは、影[*二]として、目に見える形をとります。広がりのある光源のもとで自分の影を見た場合、影は中心の濃い部分と周辺の薄い暈のような部分に分かれます。この濃い部分がグロ・ボナンジュのあらわれで、薄い部分がティ・ボナンジュなのです。

■ゾンビおよび、ヴードゥーの術

ヴードゥーの神官達は、目的に応じてその術を使い分けます。術と呼ばれるものは普通犯罪者に対してのみ使われます。すなわち、術は罪に対する罰なのです。その決定は一人の神官によってではなく、すべて裁判によります。

罪のある者に対して、神官は夜、罠をしかけます。軽いものでは、肉体を病気にするクー・レール（空気の術）や、魂を捕らえるクー・ナーム（魂の術）があります。もちろん罪に応じて症状は変えられます。重いものにはクー・プードゥル（粉の術）があり、薬剤や毒によって人を害したり殺したり仮死状態にしたりできます。ゾンビは、クー・プードゥルのもっとも激しいもので、ハイチでは極刑にあたります。

人間をゾンビにするには、まずその人のティ・ボナンジュを捕まえなければなりません。そのために、神官はその人物のよく通る場所に粉をまいておきます（時には肌に擦り込むこともあります）。粉の主成分は、フグ毒で有名なテトロドトキシン（付録の毒の項参照）

です。この毒は服用した者をすみやかに死に導きますが、微量におさえれば仮死状態にすることもできます。どちらにせよ、表面上は死人です。死者は埋葬され、死罪の場合はそのまま放置されます。ゾンビにする場合は、死体を掘り起こしてさらに術をかけます。生命活動を断たれた人間のティ・ボナンジュは、墓や死体のまわりに漂っています。神官はそれをつかまえ、壺の中に封じ込めます。これをゾンビ・アストラル（星幽体のゾンビ）といいます。

またゼトアールを押さえ、グロ・ボナンジュが神のもとに戻らないようにし、ナームを肉体の中に捕らえて腐らないようにし、この三つの魂からゾンビ・カダーヴル（肉体のゾンビ）を作ります。これが、一般にゾンビといわれているものです。ティ・ボナンジュが抜けているため、ゾンビには意志がありません。神官は呪術を用いてゾンビに命令を下し、奴隷として使うのです。

ゾンビはハイチの人々にとって恐怖そのものです。ゾンビの肉体は生きていますが、彼は精神的にも社会的にも死人です。ゾンビであるということは、最大の罪を犯した犯罪者であることを表しており、万が一術から逃れて自分の意志を回復しても、社会は彼を受け入れません。野放しの死刑囚に対して、人はやさしくなれるでしょうか？　それは無理というものです。

ヴードゥーの形式は非常に特殊化されたものですが、祖先の霊を敬い、祀ることは、本来どの民族にも見られる風習でした。しかし、現代の我々はすっかりそれを忘れているようです。

今もハイチでは、ロアと人間との交流が行われているでしょう。限りない霊の連鎖が、絶えることなく続いているでしょう。そこには死後の安らぎがあり（ゾンビにならない限りですが）、生まれてくる喜びがあります。ハイチには、我々の失った情熱のようなものが残されているのかもしれません。

＊一　西洋や東洋のオカルティズムにも、これに似た考え方はあります。霊界のどこかに宇宙のすべての出来事を記録したアカーシャの記録（Akashic Record）と呼ばれるものがあり、これにアクセスすることによって過去や未来の出来事を知ることができるというのです。

＊二　影が霊魂を表すというのは、西洋でもよくいわれます。吸血鬼に影がないのは、魂がないためです。

九人の賢者の伝説

紀元前にインドの王であったアショカ王は、戦争の悲惨さを知る人物でした。彼は、科学技術が戦争などに悪用されるのを防ぐため、知識の研究と、その一般民衆の目から隠すことを目的とした秘密結社を作りました。それが、「九人の賢者結社」です。

結社員の九人は、それぞれ科学の一分野の本を所持しており、常に最新の研究によって書き改めています。その九つの分野とは、「宣伝と心理戦争（心理学・精神分析学・大衆誘導など）」「生理学（生物学）」「細菌学（分子生物学）」「金属の変質（錬金術・原子論・クオーク論）」「通信技術（コンピュータ・情報工学）」「重力（物理学でいう場の理論）」「宇宙論」「光（エネルギー工学・レーザー工学）」「社会学」を意味します。

十世紀の法王シルヴェストル二世は、彼らから「青銅の首」なる秘密の宝を貰ったといいます。それは、政治であろうと社会の状況であろうと、質問すると、イエスかノーで答えてくれる不思議な首であったそうです。シルヴェストル二世のいうところによれば、内部で計算を行っているそうですが、そうすると、その首は、音声入出力付きのスーパーコンピュータのようです。しかし、十世紀にこんなものを作っていたとすると、現代ではどんな物を作ることができるのでしょうか。

これらの科学に精通し、現代科学の何千年も先に進んだ（なぜなら、彼らは紀元前からこれらの研究をしているのですから）能力を持って、結社は現代でも秘密裏に活動を続けているそうです。現代人の目からは、魔法としか見えないような、その科学力をもって。

九

ヨーガ ── Yoga

ヨーガ
Yoga

ヨーガとは何か

■ヨーガの本質

この魔法の本の一つの章としてヨーガを含めるべきかどうかは、かなり議論の余地があるといえるでしょう。なぜかといえば、明らかにヨーガは魔法ではないからです。

それでは宗教でしょうか。確かに、多くの人々は、ヨーガとは宗教の一種だと考えています。しかし、それすら正しくないのです。ヨーガは宗教ですらありません。その理由はちょっと考えればすぐ分ります。この世には、仏教徒のヨーギー（ヨーガを行う人のこと）もいるし、ヒンドゥー教のヨーギーもいます。それどころか、最近ではキリスト教・ヨーギーまでいます。適当な宗教にヨーガを組み合わせた、○○教ヨーガというものを、いくつでも考えることができるのです。

では、一体ヨーガとは何なのでしょうか。端的にいえば、ヨーガは一種の体操です。体操といってしまうと変な感じですので、もう少しまともないい方をするならば、一種の訓練のシステムといえるでしょう。

■ヨーガの種類

現在、ヨーガと呼ばれているもの、ヨーガと自称しているものは、千差万別で、その目的も、修業も大幅に違っています。同じヨーガと称していても、正反対のことをいっている事もあります。あえて分類すると、次のように分けることができます。

一：ラージャ・ヨーガ　心理的
二：ハタ・ヨーガ　生理的
三：カルマ・ヨーガ　倫理的
四：バクティ・ヨーガ　宗教的
五：ラヤ・ヨーガ　心霊的
六：ジュニャーナ・ヨーガ　哲学的
七：マントラ・ヨーガ　呪法的
八：クンダリニー・ヨーガ　超心理学的

この中でも、特に超能力的な方面に熱心なのが、クンダリニー・ヨーガです。クンダリニー・ヨーガについては、後でもう一度解説をします。

■ヨーガの起源

ヨーガの発生がいつなのかは詳しくは分っていません。紀元前四〇〇〇年頃のインダス文明に、その源流があることは確かなようです。モヘンジョ・ダロの遺跡からも、その証拠が発見されています。

ただし、その当時から今のようなヨーガがあったというのは、うがちすぎた考えでしょう。あくまでも、その源流があるということに過ぎません。

ヨーガを行った人物として、歴史上名前が残っている最初の人はジャイナとゴータマ・シッダルタです。それぞれ、ジャイナ教と仏教の教祖として、名前が残っています。それぞれ、紀元前六世紀と紀元前五世紀のことです。

ですから、紀元前五〇〇年くらいには、ヨーガを行う者がいたことは確かなようです。ただし、彼らのヨーガが現在のヨーガと同じものかどうかは保証の限りではありませんが。

■ヨーガの目的

ヨーガは、各種宗教と結びついて、さまざまなヨーガを作ってきました。そのようなヨーガは、その宗教での究極の目標を求めるための訓練として使われており、ヨーガ自身には特定の目的はないのです。

仏教ヨーガでは、当然悟りを得ることが目標です。ほかにジャイナ教ヨーガ、タントラ教ヨーガなど、各宗教と結びついた、修行としてのヨーガが数多くあります。

しかし、ヨーガから出てきた哲学であるサーンキヤ哲学と結びついた、サーンキヤ・ヨーガの目的を、ヨーガの正統的（少なくとも本家の）目的だとしても、そう反対する人は多くないでしょう。

ヨーガの根本教典とされているものに、『ヨーガ・スートラ』という教典があります。そこまでの重要性を認めない人もいますが、少なくとも大変重要な文献には違いありません。その『ヨーガ・スートラ』の主題は、自在（プラクリティ）と真我（プルシャ、アートマンともいう）を分別し、輪廻の輪から脱出して、解脱への道を進むことにあります。なんとなく仏教の輪廻説に似ていますが、インド思想の多くは、いずれにせよ輪廻説を取っているのです。

この、解脱へ至る途上に、綜制（サンヤマ）を行います。綜制とは、凝念（精神を何かに集中すること）、静慮（その凝らした念が、そのまま伸びていくこと）、三昧（その念の主体すら忘れ、客体のみとなること）の三つを合わせたものです。

この綜制を行うと超自然的能力が得られます。ただし、超自然的能力は、ヨーガの目的ではないのです。あくまでも副産物に過ぎません。そこで慢心してしまっては進歩は止まり、堕落への道を進むことになります。

■クンダリニー・ヨーガ

クンダリニー・ヨーガは、ヨーガ諸派のなかでも特に超心理学的な面に特化したヨーガです。クンダリニー・ヨーガは身体にある七つ（あるいは六つ）のチャクラから力を引き出します。

チャクラとは、サンスクリット語で「輪」を意味します。ここでいうチャクラは、人間の生命エネルギーの発生の場であると共に、超次元への力の通路でもある体内の場を意味します。

七つのチャクラは、体の下の方から、ムーラダーラ（尾てい骨）、スワディスターナ（丹田）、マニプーラ（へそ）、アナハタ（心臓）、ヴィシュッダ（喉）、アジナー（眉間）、サハスラーラ（頭頂）です。ただし、サハスラーラをはずして、六つとする説もあります。

それぞれのチャクラの働きはそれぞれ違います。ムーラダーラ・チャクラは、生殖器、

チャクラの位置

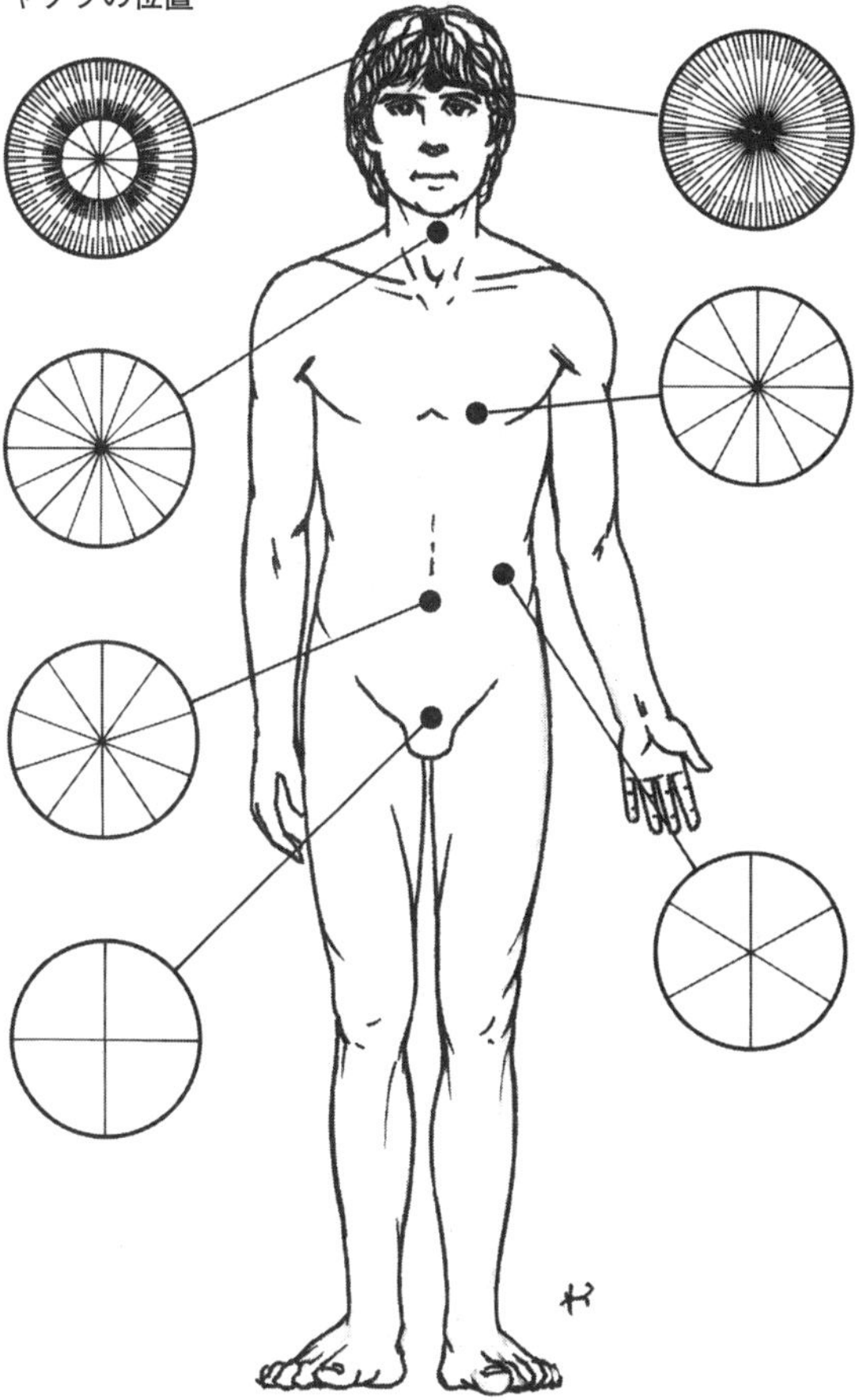

身体の反射、業（カルマ）の貯蔵、臭覚を司ります。スワディスターナ・チャクラは、生殖器、無意識界、前生からの業（カルマ）の蓄積、味覚を司ります。マニプーラ・チャクラは、消化器系、感情、超感覚、視覚を司ります。アナハタ・チャクラは、循環器系、直感、愛情、触覚を司ります。ヴィシュッダ・チャクラは、呼吸器系、心身の浄化、過去知・未来知、聴覚を司ります。アジナー・チャクラは、身体全体、知的能力、因縁（カルマ）を超えることを司ります。サハスラーラ・チャクラは、高次元への移行、悟りを司ります。

一見して、より上にあるチャクラの方が、より次元の高い事を司っています。逆に下の方は、より動物的な部分を司っています。これらのチャクラをより強く働かせる（チャクラを回すといいます）ことによって、そのチャクラが司る部位が強くなります。

クンダリニーは光輝く女神として描かれることが多く、ムーラダーラ・チャクラの底に（スワディスターナ・チャクラの底だともいわれる）蛇が三巻半のとぐろを巻いたような形で眠っています。このクンダリニーを目覚めさせ、その力を発揮させるのがクンダリニー・ヨーガです。クンダリニーの力の事を、性力（シャクティ）といいます。

クンダリニーの性力を発揮させるためには、クンダリニーを七つのチャクラを通して上下させます。もちろん、始めからうまくはいきません。一つ一つ段階を踏んで、今回はこのチャクラまで持ち上げようか、次はもう一つ上まで、と時間がかかります。

クンダリニーが各チャクラに入ると、そのチャクラのエネルギーは大変高まります。しかし、クンダリニーがサハスラーラ・チャクラまで上がってから降りてきた時に得られるエネルギーはそれよりもずっと高まっています。

■ヨーガの真言（マントラ）

ヨーガの真言は、最も重要なもの「オーム（om̐）」を知っていれば充分でしょう。この言葉はもともとはインドの古典的作品である『ヴェーダ』に出てくる言葉で、「かくあるべし」という意味でした。それが、ウパニシャッド哲学で「a」、「u」、「m」の三字に分けて森羅万象を表し、また全体で、宇宙の根源たる「ブラフマン（梵）」を表すものとされていました。

ヨーガでは、「グールー（導師）」の中の「グールー」である自在神を表す言葉となっています。この言葉を唱えれば、修業を行う助けとなります。そして「綜制」に至りやすくなるのです。

ヨーガの超自然的能力

修業を積んだヨーギーが現す超自然的な力や現象を、「シッディ（悉地）」といいます。

ただし、超自然現象といっても、ヨーガの力はあくまでも自己を高め変革する力です。雨を降らせたり雷を落としたりする自然環境の変更や、他人に攻撃をかけるような力は、ごく僅かの例外を除いて存在しません。

ヨーガが、超自然力の開発を主目的としていないにもかかわらず、綜制を行うことで超自然力を得ることができます。これは、どのような超自然力が振るえるかが、修業がどのくらい進んだかの具体的な評価として、便利な指標だからです。仏教ではこの能力を大きく六つに分け、それぞれ天眼通、天耳通、他心通、運命通、宿命通、漏尽通、としています。人の苦しみを除き救済する漏尽通は、仏教独特のものですが、ほかの五つは一般のヨーギーとも共通する部分があります。

■過去知・未来知

ヨーガ哲学によれば、あらゆるものは生成も消滅もせず、単に変転しているだけなのです。土を焼いて壺にした時、それは土が壺になったのではなく、その土がもともと持っていた壺になる力が表面に出てきただけなのです。

そのことと、事象に対する深い知恵があれば、過去の事であろうと、未来の事であろうと、知るのは容易なことです。仏教では運命通にあたります。

■言語理解

これは、仏教で天耳通（てんにつう）と呼ばれる神通力です。この理解は、人間のいっていることに留まってはいません。あらゆる生き物の叫びを、あたかも母国語を聞いているかのごとく理解することができるのです。

考えてみれば、輪廻の輪の中には人間でない生き物に生まれることもあるのですから、すべての人間の言葉が分るのならば、すべての動物の言葉が分るのも自然なことです。

より上位の段階に進んだヨーギーは、動物の言葉だけでなく、植物だろうが何だろうが、神霊の声すら聞き取れるようになるといわれています。

■宿命智

自分の潜在意識を探って、そこに残された残存印象を調べることによって、自分の前世が何であったかを知ることができます。同じ事を他人に対して行って、他人の前世を知ることもできるのです。仏教では宿命通にあたります。

ブッダも、悟りを得る直前に（この力を得た状態はまだ完全に悟りを得た状態とは違うのです）、この宿命智を得て自分の前世を無限に近いほど遡って詳しく知ったといわれています。

■テレパシー

他人の想念を直感して、他人の心を知ることができます。これを仏教の言葉で他心通といいます。

ただし、これは他人がどう考えているかを知ることはできますが、何についてそう考えているのかは知ることができません。つまり、悪意を感じ取ることはできるのですが、何について悪意を感じているのかは知ることができないのです。その点で、この能力はテレパシーというよりも、エンパシーに近いのです。しかし、感情だけではなく、抽象的な思考も感じ取ることができる点で、エンパシーとも異なります。

■隠し身

隠身の術、隠れ蓑の術などともいわれます。

インド哲学では、物が見えるのは、見る方に見る能力があるだけでなく、見られる方に見られる能力があるからだとされています。

この見られる能力を抑えることで、自分を人の目に見えなくすることができます。

■死期の察知

自分の業を知ることによって、自分の死期を知ることができます。死ぬ瞬間の想念が、輪廻した先の来世の運命に大きな影響を与えるので、自分の死期を知ることは大変重要な事なのです。

ただし、死期はさまざまな凶兆からでも知ることができるので、ヨーガを行わない者は、このしるしに気をつけるべきなのです。そのしるしとは、耳を塞いだ時に自分の体内の音が聞こえない場合、先祖の姿が見えた場合、天界の景色が見えた場合、周囲が逆さまに見えた場合などです。

■力を借りる

これは、大変呪術的な能力です。たとえば、象を思い浮かべることで、象のような強い力を得たり、虎を思い浮かべることで、虎の強さを得たりできます。

■超視力

この能力には二つの側面があります。

まず、超視力によって、どんな小さなものでも見ることができます。解像度を上げていけば、原子すら見ることができるのです。インドでは昔から、極微論（原子説のこと）が唱えられてきましたが、これは、もしかすると理論的に求めたのではなく、ヨーギーの超視力で実際に見たのかも知れません。

もう一つは、俗にいう千里眼のことです。地中に埋まったものでも、千里先のものでも自由に見ることができます。仏教では天眼通にあたります。

同様に、綜制が上位になれば、聴覚・触覚・味覚・臭覚などでも同じような能力が得られるようになります。つまり、超音波が聞こえたり、犬より鼻がきいたりするようになるのです。

■宇宙を知る

太陽や月、北極星に綜制を向けることにより、それぞれ、宇宙の原理、星の配置、星の運行を知ることができます。

インドに太古からある天文学は、観察ではなく、ヨーギーの綜制によって得られたものなのかもしれません。

果心居士

忍者の魔術的能力の源泉であるとも伝えられる果心居士は、戦国時代の人です。このころになると、陰陽道などもかなり廃れ、大道芸の一種として簡単なものだけを行っていました。しかし、中には陰陽師や呪師の真に魔術的な部分を伝える者達も少数ながらいたのです。彼らのことを述師（じゅつし）といいます。

果心居士は、もっとも有名な述師の一人ですが、幻術をよくし、松永弾正に亡き妻の幻を見せたりしています。『虚実雑談集』によれば、豊臣秀吉に呼ばれた時、秀吉が今まで誰にも話したことのない昔の女の幽霊を出して見せたので、秀吉に「胸中の秘事を知る」危険人物としてはりつけになりました。しかし、最後の最後に鼠に変身して、はりつけの柱の天辺に登ったところ、鳶が飛んできて摑んでいった後、行方が知れないとされています。

■肉体制御

これこそ、一般にヨーガの奇跡といわれているものです。ただし、綜制によって行う肉体制御は、修業中の苦業と違ってもはや苦しみはありません。修業中に行う苦業はもちろん苦しいものです。しかし、綜制を行える者は、ほかの者が苦業だと思えるようなことも、何の苦痛も感じないままでいられるのです。

まず、マニプーラ・チャクラに綜制を向けることで、体内の組織を知ることができます。体内の構造がどうなっているかはもちろん、現在の各臓器の状態なども知ることができます。

ヴィシュッダ・チャクラに綜制を向けると、飢えと渇きを消すことができます。これによって、どれだけ断食をしても苦しくありませんし、水さえ必要としません。強い肉体を作り、鉄の棒で殴られてもダメージを受けません。心臓や消化器などの不随意筋を自由に操ることも可能です。心臓を何分間も止めて、死んだように見えるのに、しばらくしたら再び心臓が動き出して復活したなどといった話は、ヨーギーの奇跡として、よく知られています。

■ほかの肉体のコントロール

心が業によって縛られている度合が少なくなっていくので、自分の体から心を出すことができます。

その上、出した心を他人の体の中に入れてしまうことすらできます。こうすると、その他人はヨーギーの思いのままに動かすことができます。

そして、この技は生きている者だけでなく死んだ者に対しても行うことができます。こうなると、ゾンビ使いと変わらないように見えますが、自分の心が入って動かしているところが違います。

■火を吐く

もっと驚いたことに、より進んだヨーギーは体から火を発することすらできるようになります。これは、なぜかというと、肉体を制御することで、体内で食物を消化するために燃えている火を、体外にまで噴出させることができるからです。

■空中浮遊

自分の体を軽くして、水の上や、泥の上を踏んでも沈まないようにできます。同様に、刺や刃の上を歩いても、肉体が軽いので怪我をしません。

カンフー映画などで、達人が対戦相手の武器の上に立つシーンなどがありますが、あれもこの方法を用いているのかも知れません。

これが進むと、肉体を空気よりも軽くして、虚空を歩くことができます。これが、有名な空中歩行の術です。

■五大の支配

五大とは、五つの物質元素（地水火風空）のことをいいます。これらを真に綜制して知ることができたのならば、五大はその人の思うがままになります。

たとえば火によって火傷を負うことなどあり得ないのです。これは、西洋でいうエレメンタルの支配に匹敵します。

■自在力

五大を支配することによって、自在力が得られます。自在力には八種類あります。

まず、体のサイズを極限まで小さくして壁であろうと岩であろうとすりぬけてしまいます。次に、その逆で体を天に届くほど大きくすることもできます。これで、どんな所でも入り込み、また飛び越して行けるわけです。

三つめに、綿くずよりも体を軽くすることができます。逆に重くすることもできます。これは重力を支配することにより得られる力です。

四つめは、望みのままに月だろうと手を伸ばして届かせてしまう力です。これは、空間を支配することで得られる力です。

五つめ以降は、もはやオールマイティと同じです。順に並べていきますと、自分の望みを実現する力、世界を創造し支配する力、万物を意のままに従わせる力、欲しい物をすべて手に入れる力です。

偉大なヨーギー

■ブッダ

ヨーガを行った者としては、世界で一番有名です。しかし、ブッダはヨーガに留まらず、自ら仏教を興しました。この時点で、ブッダはヨーガから離れたのです。以後仏教はヨーガと深くかかわりを持ち、また仏教ヨーガなども存在しますが、あくまでもヨーガとは異なる道を進みました。特に現在、日本にある仏教は、ヨーガとはほとんど係わりはありません。僅かに、禅宗がヨーガとのかかわりを残しています。

■ラーマ・クリシュナ（一八三六～一八八六）

ヨーガとタントラ教を実践しました。彼の特別な点は、インドだけでなく、キリスト教やイスラム教の神秘思想も熱心に研究したことによります。
彼の死後、弟子のヴィヴェーカーナンダは「ラーマクリシュナ教団」と「ラーマクリシュナ・ミッション」を設立し、国内では博愛事業を行い、海外にスワーミー（導師）を派遣し、その啓蒙に努めています。

安倍晴明（九二一～一〇〇五）

『帝都物語』でも、日本最大の魔術師と呼ばれていた安倍晴明です。彼は、代々朝廷の陰陽師を務める賀茂家の忠行・保憲父子の高弟でしたが、彼の才能があまりに優れていたためか、保憲は、暦道のみを息子の光栄に、天文道を晴明に分けて伝えたのです。それ以降、朝廷の陰陽師は、暦道の賀茂家と、天文道の安倍家の両家が務めることとなりました。

安倍晴明は、式神（鬼神）や異類を操るのに巧みでした。式神を使う時、陰陽師は紙を切って人や獣の形にし、それを式神に変身させて使っていたのです。『今昔物語』には、彼が式神を用いて蛙を殺してみせた話や、人もいないのに扉の開閉をさせた話などが、残っています。

『宇治拾遺物語』『十訓抄』『古事談』、それに近松の『蘆屋道満大内鏡』などでも扱われた有名な話ですから、知っている人も多いかと思いますが、彼のもっとも有名なエピソードが道摩法師（蘆屋道満）との式の打ち合いです。藤原道長が法成寺建立のとき、現場を視察しようと、寺の大門まで来ると、ペットの犬がしきりに吠えるのです。不審に思った道長が、晴明を呼ぶと、「道長殿を呪ったものがいる。道に厭物（まじもの）が埋められていて、それを踏み越えると呪われる仕掛けになっているのだ」といいました。その場所を掘ってみると、果して土器を二つに合わせて中空にした物が埋まっており、その中には黄色い紙に一文字だけ（どんな字かは差し支えがあるのか、載っていません）書かれたものを、こよりのように捻って入れてありました。

晴明は、「この術を知る者は、私のほかには道摩法師のみのはず」といいました。そして、一枚の紙を取り出し鳥の形に折ると空に飛ばしました。すると、紙は白鷺に変じて飛び、一軒の家の前に落ちました。いうまでもなくこれは式神で、呪詛を行った者の元へ飛んで行ったのです。案ずるかな、その家に居たのは道摩法師で、道長の政敵である藤原顕光の依頼であったことが分ったそうです。

十

神仙道——Sinsendo

神仙道
Sinsendo

「神仙道」とは、中国において発生した、不老不死の超人である仙人になるための実践の道です。神仙道では仙人となることを最終の目的としていますから、術の中心は仙人になる方法でしたが、そればかりでなく、中国で編み出されてきたさまざまな系統の異なる魔法をも吸収してきました。神仙道の魔法は仙人や神仙道の修行者が使うもので、「仙術」や「方術」[*1]と呼ばれています。後に、神仙道は中国の代表的な宗教である道教の源流となり、その実践面での柱の一つとなっています。

仙人とは何か

中国では、数千年の昔から不老不死の特別な肉体を持ち、天候を変え、空を飛び、姿を変え、妖怪を祓い、龍を操るような、人を超えた能力を振るうことができる人々がいました。彼らは仙人と呼ばれ、その不思議な術のため、ある時には尊敬され、ある時には妖人として迫害されることもありました。彼らはもともとは普通の人間で、修行を積むことによって仙人になるための道を極め、自己の死すべき肉体を人を超えた能力を持つ不老不死の肉体に改造することに成功した人々です。

一口に仙人といってもその能力には差があり、等級があります。東晋（三一七～四二〇）の葛洪（かっこう）の著作『抱朴子（ほうぼくし）』では、仙人を三つの等級に分けています。以下にそれを示します。

①天仙（てんせん）：最上級の仙人。肉体を保ったまま天に昇る者。
②地仙（ちせん）：中位の仙人。不老不死を得て、地上にとどまり、名山に遊ぶ者。
③尸解仙（しかいせん）：最下位の仙人。一度死んだようにみせかけて、あとで調べてみると、身代わりの杖や服だけが残っているという者。

後の書物ではさらに細かく分類して上位より、天仙、神仙、地仙、人仙、鬼仙の五等級とするものもあります。

仙人は、一般的にこの世の名声や利益に対しては関心を示さず、名声や利益に関心を示すものは偽物で仙人であると名乗っているだけです。そのために仙人は山の中でひっそりと生活している者もありますが、普通の生活を行っている者も多く、妻子を持ち、官職につくものもあり、中には前漢の淮南王（わいなんおう）の劉安のように皇帝や王侯にも仙人がいました。この世の名声や利益に対しては関心を示さないといっても態度の問題であって、美味い食事をし、きれいな服を着ることや、高い官職についてもかまわなかったのです。ただ過度の欲望と快楽を遠ざけていただけです。逆に、過度の禁欲や節制は身を損なうこととされています。これは修行中にもいえることです。普通の生活を行っている者は、その術を特に隠してはいません。やがて仙人達は世俗の世界を去って、天上や山中の仙人の住処へと去っていくのが常です。そうした仙人もたまに世俗の世界に姿を現し、その術を示すことがあります。

仙人になるための方法

仙人になるためには、金丹（きんたん）に代表される仙薬（せんやく）の製造法、胎息（たいそく）や導引（どういん）などの呼吸法、食餌法（しょくじほう）、房中術（ぼうちゅうじゅつ）、内観法（ないかんほう）などのさまざまな修行法があり、修行によって改造された肉体には、常人を超えた能力が備わります。ただし誰でも修行すれば仙人になれるわけではなく仙骨（せんこつ）という天性の素質が備わっていなければなりません。もちろん素質が備わっていても修行しない者は、仙人にはなれません。ただし、素質のない人でもこれらの修行の実践によって仙人にはなれなくとも長生きすることはできます。天性の素質と修行のほかに、ふだんの生活において善行をすることも必要です。

天仙になるためには千二百の善行を積み、地仙になるためには三百の善行を積むことが必要です。この数に達するまでに悪事を行うとせっかく積んだすべての善行が帳消しになってしまいます。術が使えるようになっても悪事を働けば、そのために術の効力が低下します。

仙人になるための方法を学ぶためには、さまざまな書物を読んで自習する方法よりも誰か良い師匠についたほうが良いとされています。なぜなら世間に伝わっている書物の多くは仙人になるための方法のすべてを伝えてはおらず、本当に重要な内容は多くが口伝の形式を取っていたからです。また真の秘術を伝えている書物は、先輩の仙人達から修行者に与えられることが多く、これは非常に稀なことでした。ただし師匠につくという方法にも欠点があります。本当に良い師匠は修行者が求めても、深山幽谷に住んでいることが多いため出会うことが困難で、師匠自身が自分のすべての術を教えたがらない傾向があり、修行は困難で時間のかかるものなのです。

後漢（二五〜二二〇）の皇后の一族で高貴な家柄に生まれた陰長生（いんちょうせい）

は馬鳴生（ばめいせい）という仙人の弟子になりましたが、召使として十年以上も努めてようやく術を授けられました。しかし中には幸運な修行者もおり、能力の高い仙人が自分から出向いて来て、仙術や奥義を記した書物を授けることもあります。

■仙薬（せんやく）

仙人になるための一つの方法として仙薬を服用する方法があります。仙薬は上薬・中薬・下薬の三種類の等級に分類されています。上級のものから述べると、上薬（百二十種）は人を長生きさせる薬で、この中には仙人となり、仙術を行えるようにする薬も含まれています。中薬（百二十種）は身体を強壮にする薬で、下薬（百二十五種）は病気を治す薬です。非常に種類の多い仙薬の中でもっとも重要で大きな効力があるものは、金丹と総称される丹薬（たんやく）と金液（きんえき）です。これらの服用は仙人になるためにもっとも有効な方法で、この方法によれば高い地位の仙人となることができます。それだけに製造法は最高の秘密とされており、この奥義に精通することは非常に困難でした。このほかにも白銀、諸芝、五玉、雲母、明珠（めいしゅ）、雄黄（ゆうおう）、石英、石硫黄、松柏脂（まつやに）、茯苓（ぶくりょう）、地黄、木巨勝などがあります。

■丹薬（たんやく）

丹薬は丹砂（たんしゃ、硫化水銀）を基本として、さまざまな鉱物の薬品を調合したものです（くれぐれも真似をしないように！　中途半端な知識は命取りになります）。丹砂は赤い鉱物で、熱すると水銀に変化し、さらに熱すると赤い酸化水銀となる循環が注目され、燃やすと灰となってしまう草根木皮の薬品に対して永遠性を持つものとして丹薬の中核となっています。丹薬は何種類かあり、それぞれ薬品の調合法が異なっていて、製造のために独特の儀式がありました。

儀式は一般的に、まず事前に百日間の斎戒（ものいみ）を行い、世俗の人とつき合わず、生魚や臭いの強いニラやニンニクなどの野菜を断ち、香木入りの水で沐浴して体を清潔に保ちます。その上で人がいない丹薬の製造に適した特別な山に入り、丹薬の製造を行います。同行する者も三人を超えてはなりません。さらに製造中の薬を丹薬を信じない世俗の人によって誹謗

八門遁甲（はちもんとんこう）の陣

奇門遁甲（きもんとんこう）の法とは災いを避けるための術数（占いの術）の一つです。

奇門遁甲では、休門、生門、傷門、杜門、景門、死門、驚門、開門の八つの門を八門とします。ある場所に八門が設定された場合、このうち吉門である休門、生門、開門から入る場合には無事ですみますが、凶門である傷門、杜門、景門、死門、驚門から入った場合にはその門につけられた不吉な運命が待っています。これを戦陣に応用したのが、八門遁甲の陣です。これを破るためには吉門である三つの門から攻撃しなければなりません。さもないと攻撃部隊は大損害を受けることになります。

されないようにしなければなりません。誹謗されるとたちまち丹薬はその効果を失ってしまうからです。また製造中も斎戒を続けなければなりません。『抱朴子』が引用する『黄帝九鼎神丹経（こうていきゅうていしんたんけい）』には、九種類の丹薬が紹介されています。その名称と効能を以下に示します。

①丹華（たんか）

これを服用すると七日間で仙人になることができ、この丹薬から黄金を製造することができます。

②神符（しんぷ）

これを服用すると百日間で仙人になることができ、火や水の影響を受けなくなり、足に塗れば水の上を歩くことができ、少量を服用しただけで体の中の害虫はすべて消滅し、どのような病気でも治癒します。

③神丹（しんたん）

これを服用すると百日間で仙人になることができ、家畜が飲んでも不死となります。これを服用した者にはどのような兵器も無効となります。百日目には仙人や玉女（仙女）、山川の鬼神が彼を迎えに来ます。

④還丹（かんたん）

これを服用すると百日間で仙人になることができ、めでたい鳳凰や朱鳥が飛来し、玉女がやって来ます。これに水銀を加えれば黄金を製造することができます。この丹薬を銭に塗ればその日のうちに戻ってきます。また目の上に塗れば鬼を避けることもできます。

⑤餌丹（じたん）

これを服用すると三十日間で仙人になることができ、三十日目には玉女、鬼神が彼を迎えに来ます。

⑥錬丹（れんたん）

これを服用すると十日間で仙人になることができ、これに水銀を加えて黄金を製造することができます。

⑦柔丹（じゅうたん）

これを服用すると百日間で仙人になることができます。またこれは若返りの薬です。これに鉛を加えて黄金を製造することができます。

⑧伏丹（ふくたん）

これを服用すると即座に仙人になることができます。この丹薬は持っているだけで鬼が避けて通り、門の上にこれで字を書くだけで邪悪な妖怪や盗賊、虎、狼を避けることができます。

⑨寒丹（かんたん）

これを服用すると百日間で仙人になることができ、仙童や玉女が彼の側近くに仕え、翼もないのに空を簡単に飛ぶことができるようになります。

そのほか太清神丹（たいせいしんたん）という丹薬があります。この丹薬は先に登場した陰長生が製造して仙人になったもので、白日のうちに天に昇ることができるという最高の丹薬の一つです。この丹薬は、丹砂（最初は硫化水銀、二転以降は酸化水銀）↓水銀↓丹砂（酸化水銀）という過程（これを「転」もしくは「還」と呼びます）を繰り返すほど、高い効力を持ちます。

一転の丹：これを三年間服用すると仙人になれます。
二転の丹：これを二年間服用すると仙人になれます。
三転の丹：これを一年間服用すると仙人になれます。
四転の丹：これを半年間服用すると仙人になれます。
五転の丹：これを百日間服用すると仙人になれます。
六転の丹：これを四十日間服用すると仙人になれます。
七転の丹：これを三十日間服用すると仙人になれます。
八転の丹：これを十日間服用すると仙人になれます。
九転の丹：これを三日間服用すると仙人になれます。

丹薬の主な効能は、人を仙人にすることですが、死者を甦らせる能力もあります。

■金液（きんえき）

金液は、丹薬に劣らない効果を持っています。この主成分は黄金です。金は錆びず、酸に強く、安定した金属として古くから知られています。金の安定した性格を肉体に取り込むことによって不老不死を獲得することが金液の目的です。

金をそのままほかのものと調合して服用する方法もありますが、効果の点で長い工程を経て製造される金液にははるかに及びません。金液は金に紫水晶や丹砂などさまざまな鉱物を加えて調合したものです。これを丹薬と同じような儀式を行った上で、百日間かけて製造します。

金液は服用する量によって効果が異なります。天に昇りたくなく、大地にとどまって仙人になりたければ、百日斎戒してこれを一両（十六グラム）服用すればよいのです。半両（八グラム）を服用すれば不老不死となり、あらゆる害毒によって傷つけられることがなくなります。この場合には、妻子を養い、官職につき、自分のしたいことをしてもかまいません。さらに天に昇りたければ斎戒してこれを一両服用すればよいのです。この金液と水銀から丹を製造することもできます。この丹を服用すればただちに仙人になることができます。金液の最大の欠点は中心となる成分の金が非常に高価なものであったことです。一般的に仙人になろうと志す人はこの世の名声や利益を求めず、貧乏な人が多かったからです。

■呼吸法（こきゅうほう）

呼吸法は体内の生命エネルギーである「気（き）」の充実を図り、体内に良く循環させることにより、不老長生を獲得しようという修行法です。呼吸法はそれだけでも不老長生を得ることができますが、金丹と併用すれば、効果が増大します。

胎息（たいそく）は胎児のように呼吸する方法です。空気を吸い込み肉体に循環させてから吐く方法で、胎児のように呼吸できるようになると完成です。人間の体と同じように宇宙も呼吸しており、宇宙が気を吸う真夜中から正午が生きた気の時で、気を吸うのはこの時にすべきであるとされています。

導引（どういん）は独特の体操の実践によって体内の気を循環させる方法です。有名なものには、後漢の終わり頃の人で有名な医者の華佗（かだ）の「五禽の戯（ごきんのぎ）」があります。これは五種類の獣や鳥（禽）の動作をまねる体操です。呼吸法を完成させた者は、息を吹きかけるだけで火を消し、川を逆流させ、相手を動けなくしたり、病気や傷を癒やすことができます。さらに大きな力を体から発生させることができますから、太極拳に代表される中国の拳法では、この呼吸法の実践が重要な修行法になっています。

■食餌法（しょくじほう）

食餌法は、穀物を食べず長い生命を得る方法です。穀物は生命を蝕み、老衰、病気を引き起こす原因となると考えられていたのです。人間の体の中には「三虫（さんちゅう）」もしくは「三尸（さんし）」と呼ばれる霊的な存在が住みついており、穀物はこれらを養う効果があります。「三虫」のうち、「青姑」は頭部を司り、禿頭や目・口・鼻・耳の病気の原因となり、「白姑」は胴体を司り、心臓部や胃弱などの内臓病や皮膚病の原因となり、「血尸」は下半身を司り、腰痛やリューマチなどの病気の原因となります（『雲笈七籤―うんきゅうしちせん』の引用する『中山玉櫃経―ちゅうざんぎょっきけい』の説による）。「三虫」はさらに人が悪事を働くと天にこのことを報告し、人の寿命を短くします。したがって穀物を絶つことは「三虫」の絶滅や弱体化を目的としています。また酒や肉、臭いの強い野菜を絶つことも行われます。

■房中術（ぼうちゅうじゅつ）

房中術は陰陽思想に基づき体内の気を充実させる修行法で、男（陽の気を持つ）と女（陰の気を持つ）のセックスの術です。ただしこれは病気を癒やすくらいの効果しかなく、補助的な修行法で、これのみで仙人になることはできません。仙人になる道では男女のセックスは禁止事項ではなく、過度なセックスだけを禁止していました。

■内観法（ないかんほう）

内観法は瞑想法で、呼吸法と合わせて行われることもあります。静かな場所で瞑想し、精神を集中し神々と接触する方法です。人間の肉体は、世界と同じく一つの宇宙を構成しており、小宇宙というべき存在です。したがって世界のどこかにいる神々は、肉体のしかるべき位置にも同時に存在します。たとえば神の東王公（とうおうこう）と西王母（せいおうぼ）は、それぞれ蓬萊（ほうらい）と崑崙（こんろん）に住んでいますが、すべての人間の肉体の中の両方の乳房の中にも住んでいます。内観法で接触する神々は自分の肉体の中の神々です。

仙人の住処

仙人達の最終的な住処は、おおむね深い山やけわしい谷、また絶海の孤島のような人気のない場所で、仙薬の製造に適した場所が普通です。こうした山を名山と呼びます。都市の中で普通の生活をしている者もいますが、俗世間に飽きた仙人はやがて、ほうきや杖などを身代わりとし死んだとみせかけてそこを去ったり、あるいは公然と仙人であることを示して空を飛んでそこを去り、仙人達が治める深山幽谷の特別な場所へ行きます。

こうした仙人達が治める場所で名前が知られているものとして、十洲（じゅっしゅう）、三島（さんとう）、洞天（どうてん）、福地（ふくち）と呼ばれるものがあります。これらはすべて山や谷、はるかな海や流砂の彼方にあり、修行の場として、仙薬の製造の場としても最高の所です。

■十洲

これは中国をめぐる海中のいずこかにある島です。この島々には、仙人が住み、不老不死の薬となる植物があり、天の神々や仙女が降臨する場所です。東海には祖洲、瀛洲、生洲、北海には玄洲、元洲、南海には炎洲、長洲、西海には流洲、鳳麟洲、聚窟洲があります。

■三島

崑崙、方丈（ほうじょう）、蓬萊のことを三島といいます。崑崙は西北にあり、周囲は八百里（約三百二十キロメートル）で、崑崙を登ると涼風の山に達し、さらに登ると懸圃

（けんぼ）の山に達し、さらに登ると天界に通じています。かたわらには周の穆王（ぼくおう）が遊んだという瑶池（ようち）があります。崑崙は女仙を統轄し、人を不老不死にする仙薬を持つ西王母が統治する、不老不死の場所です。この周囲に九つの門があり、開明獣（かいめいじゅう）という九個の人間の首に虎の肉体を持った聖獣が門を守っています。

方丈は東海の彼方にあり、多くの仙人と龍や巨鯨などの聖獣が住んでいます。さらに東海には扶桑（ふそう）があり、天にも届かんばかりの桑に似た巨木が生えています。

蓬萊も東海にあり、男仙を統轄する東王公が統治する不老不死の場所で、仙人の住処として有名です。

■洞天、福地

これらはいずれも仙人が治める土地です。上から大洞天、小洞天、福地の三つの等級がありそれぞれ、大洞天は十、小洞天は三十六、福地は七十二あります。以下、大洞天と小洞天の名前を列記しておきます。

十大洞天

王屋山洞（河南省）
西玄山洞（未詳）
羅浮山洞（広東省）
括蒼山洞（浙江省）
委羽山洞（浙江省）
青城山洞（四川省）
句曲山洞（江蘇省）
西城山洞（未詳）
赤城山洞（浙江省）
林屋山洞（洞庭湖中）

三十六小洞天

霍桐山洞（福建省）
西嶽華山洞（陝西省）
峨嵋山洞（四川省）
会稽山洞（浙江省）
小爲山洞（湖南省）
武夷山洞（福建省）
蓋竹山洞（浙江省）
句漏山洞（広西省）
幕阜山洞（湖北省）
麻姑山洞（江西省）
東嶽太山洞（山東省）
北嶽常山洞（河北省）
廬山洞（江西省）
太白山洞（陝西省）
潜山洞（安徽省）
玉笥山洞（江西省）
都嶠山洞（広西省）
九疑山洞（湖南省）
大酉山洞（湖南省）
仙都山洞（浙江省）
南嶽衡山洞（湖南省）
中嶽嵩山洞（河南省）
四明山洞（浙江省）
西山洞（江西省）
鬼谷山洞（江西省）
華蓋山洞（浙江省）
白石山洞（江蘇省）
洞陽山洞（湖南省）
金庭山洞（浙江省）
青田山洞（浙江省）

鐘山洞（江蘇省）　良常山洞（江蘇省）　紫蓋山洞（湖北省）
天目山洞（浙江省）　桃源山洞（湖南省）　金華山洞（浙江省）

七十二福地はここではその名称を列記しませんが、地肺山（江南省）や蓋竹山（浙江省）のように『抱朴子』にも金丹製造に適した地として名があげられている重要な場所も含まれています。

■山に入る

このような仙人の住処であっても、まだ仙人になっていない常人にとっては山は危険がいっぱいです。山には大小を問わず山の神がおり、備えがない人に悪鬼、妖怪、毒虫、虎狼を差し向けて襲わせたり、病気、落石、倒木によって人に災いを与えます。したがって山に入るためには、三月か九月がよく、山によっては入ってはならない年と月がありまず。山に入ってもよい日を知るために、災いを避ける術である遁甲の術を知ることが必要です。必ず災いを避けるための護符を身につけることも必要です。護符は邪悪を祓う効果がある桃の木の板の上に朱で書きます。また鏡は妖怪の真の姿を映し出す効果があるため、山で出会ったものの正体を知るために有効です。映し出されたものが人であれば、それは仙人か良い神です。

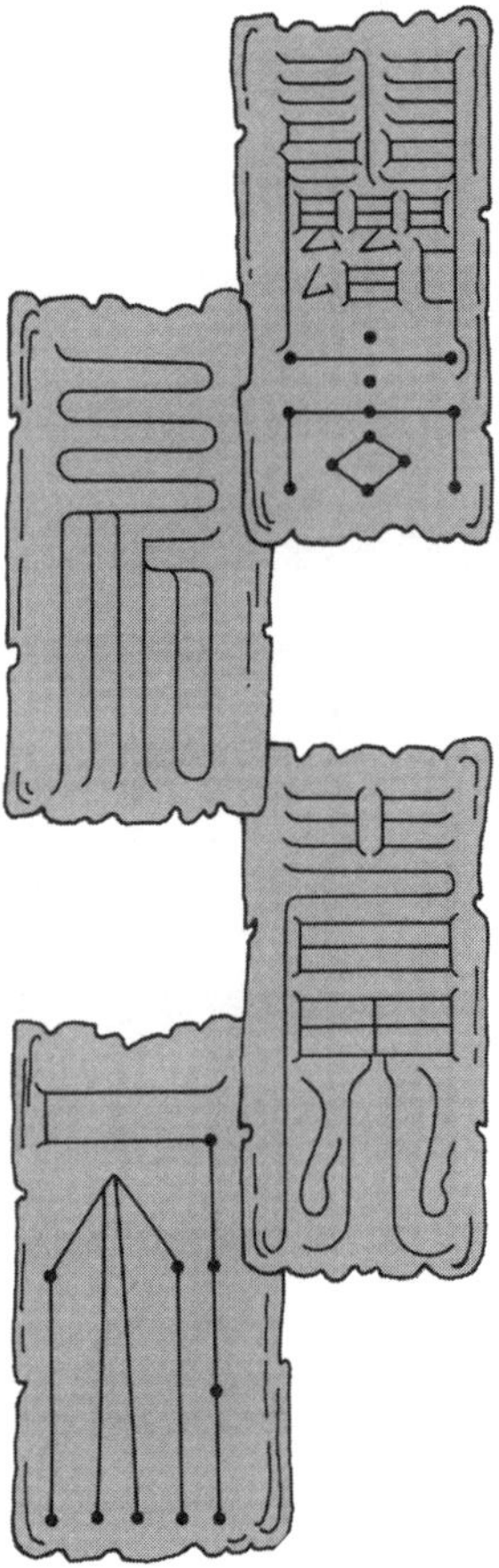

仙術と中国の魔術

ここでは仙人の使う仙術と中国に伝わる魔法を紹介します。

■仙術を行うための儀式

仙術を行うためには、一定の儀式を行わなければなりません。術によって儀式の手順は異なりますが、符（おふだ）を書き、呪文を唱え、手は印を結び、北斗七星をかたどったステップを踏み、さらに瞑想し、これから行う術の効果や発生させるものを心の中で具体化することが必要です。仙人が作る符には、仙術の効果を持ったものもあります。また仙人は仙術をあらかじめかけてある杖、剣、ひょうたん、団扇、珠などの道具を持っており、それを使用して即座に術をかけることもできます。たとえば仙枕という枕は、これで眠れば仙人の国で遊ぶことができるというものです。仙術は清潔であることが必要でしたから、レベルの低い術であると豚および羊の血、馬の尿、犬の糞、ニンニクの汁をかけられると効果がなくなることがあります。

■移動の仙術

仙人は移動する際にも尋常ならざる手段で移動します。移動の仙術には、「神行法」、「土行法」、「飛行法」、「縮地の術」、龍などの特別な動物に乗る方法があります。

「神行法」は特殊な護符を使用して一日に何百キロメートルもの距離を走る術です。「土行法」は土の中を潜り移動し、その速度は地上を行くのと変わらないという方法です。また水の上を歩いて渡る術もあります。「飛行法」でもっともポピュラーな方法は雲に乗ることです。また仙人の中には雲に乗らずに空を飛ぶことができる者もあります。「縮地の術」は、自分が速く移動するのではなく、移動する距離自体を短くする術です。ゆっくりと杖をつきながら歩く仙人を馬で追っても追いつかないのは仙人がこの術を会得しているためです。

仙人は動物に乗って移動することもあります。その場合の動物とは、龍や麒麟のような聖なる動物や鶴などの通常は人間が乗らない特殊な動物です。

■禁術

禁術は人間やそのほかの動物、さまざまな生物以外の物の行動や効果を禁止する術です。三国時代、呉の将軍、賀斉が山賊を討伐した時、山賊の中にこの術を使用するものがおり、呉軍は戦うたびに、刀剣がさやから抜けず、放った弓や弩の矢はすべて戻ってくるためどうしても勝てませんでした。賀斉将軍は刃のある武器が禁じられていることに気づき、刃のない棍棒を武器として山賊を打ち破ることに成功しています。

■幻覚の仙術

これは幻覚で相手の目をくらます術です。もっとも多用されたのが「紙兵豆馬（しへいとうば）」の術です。これは紙を切った兵士や豆で作った馬をまるで本物の軍隊であるかのように見せる術です。また仙人がいたずらで幻覚によって大邸宅や宮殿や城壁のような建築物やごちそうを作り出してもてなすこともあります。

■変化の術

「変化（へんげ）の術」は変身の術です。これはめくらましの幻覚の術ではなく自分の姿を大きくしたり、小さくしたり、ほかの人物や動物、もしくは生物でないものに変えてしまう術です。またほかの人や物を変身させる術もあります。物を変身させる術では、もともと動かないものを動くようにすることも可能で、泥で作った馬を本物の馬に変身させたりすることができます。自分で変身した場合は人間以外に変身していても人間の言葉で話すことができます。他人に術をかけられた場合は術の程度によって人間の言葉で話すことができます。

趙廓（ちょうかく）という修行中の仙人は変化の術の使い手で、官吏の手を逃れるため、鹿、虎、鼠と姿を変えて逃げまわりましたが、ついに捕らえられ、死刑ということになりました。彼の師匠の永石公は彼の術が未熟であることを知って彼を助けに行きました。変化の術に興味を持った国王の面前に引き出された趙廓は鼠に変身し、その鼠を鳥に変身した永石公がさらって雲の中に逃げ去りました。

変化の術に近いものとして、「分身の術」があります。「分身の術」によってできた分身は本物と見分けがつかず、本物と同じように行動することができます。仙人の玉子（ぎょくし）は一度に百人にも千人にもなることができました。

■天候の操作

天候の操作には、雲を呼び雨を降らせる「祈雨」や雨が降るのを止める「祈晴」があります。これは仙人がよく使用する仙術の一つです。「祈雨」の変形として雪を降らせるものもあります。雨乞いをする場合、「龍王」や「雨師」などの雨を降らせることができる神々を呼び出しその力を借りるという方法もあります。また霧や風や雷を呼ぶ術もあり、これらを雨の術と併用して、暴風雨や雷雨を発生させることもあります。

■呪詛

呪詛の方法として中国では、「厭勝（えんしょう）」、「蠱毒（こどく）」の術があります。これらは仙人の術というよりは、巫覡（ふげき、巫は女性の呪術師、覡は男性の呪術師）の邪法です。

「厭勝」は巫蠱（ふこ）とも呼ばれ、泥人形や木（桐がよく使用された）の人形を使用して人を呪う術です。人形は呪う相手が通る道路や住居に埋め、別に呪いの祈禱を行います。後になって藁や紙の人形が使用されるようになります。人形を縛ることや枷をかけることは古代より行われ、釘を打つようになったのは後のことです。

「蠱毒」はさまざまな虫や猫などの小動物を使用して目指す相手を呪い殺す方法です。術によっては、術をかけた側が金銭を蓄えることができるというおまけまであります。

仙人の術でも呪詛の術がないわけではなく、『平妖伝』に登場する「鳥竜斬将の法（うりゅうざんしょうのほう）」はその一つの例です。ただし呪詛の術はすべて、仙人の道にそむく邪悪の術であるとされ、使用すると使用した人には必ず大きな災いがふりかかります。「鳥竜斬将の法」はまず一振りの神刀を独特の製法で鋳造します。雄の黒犬を用意し、朱で記した「斬将符」を三枚と斬ろうと思う敵の名前を書いたものを焼き、「斬将呪」を三回唱え、西を向いて金属の「気」を吸い込み、人の首が落ちる光景を頭に描いて、神刀で黒犬の頭を斬り落とすと、同時に敵の首も落ちます。敵の名前を書いたものを焼く時に、一人だけではなく、複数の人間の名簿を焼けば、同時に焼かれた名前の人をすべて殺すことができます。

■病気の治癒

仙人は仙薬に精通しており、仙人の持つ薬は病気の治癒に大きな効果を持っています。仙薬のうち下薬は病気の治癒に効果がありますが、上薬の金丹に至っては死人を蘇生させる能力まであります。さらに薬によらず病気を治癒したり、病気にしたりする能力を備えている仙人もいます。呪文を書いた符を飲ませるというやりかたもあります。

■鬼神の使役

仙人は鬼神を使役して何かを運ばせたり、身の回りの世話をさせたりすることができます。天将天兵というものもこれにあたり、これは天界の軍隊で、呼び出して仕事をいいつけることができます。

■占い

中国では占いが非常によく発達しています。中国の占いは魔法というよりも陰陽、五行思想などに基づく一種の科学です。仙人になるには、山に入る日を決定したり、妖怪や災難から身を守るために卜筮、風角、遁甲、七政、元気、星気といったさまざまな占いに通じている必要があります。

仙人になれなかった男　費長房（ひちょうぼう）

汝南（河南省汝南県）の費長房は、後漢の頃の強力な方術者で、妖怪を捕らえたり、罪を犯した東海君（龍神）を監禁したり、縮地の術を使うことができるほどの術を持っていましたが、仙人にはなれなかった男です。

彼の師は、壺公（本名は謝元一）といい、汝南の市中で飲めばどんな病も治るという薬を売っていました。壺公は日が暮れると屋根の上にかけた壺の中に飛び込んでしまいます。費長房は汝南で役人をやっており、たまたまこの光景を見てしまいました。壺公が凡人でないことを覚った費長房は何度も酒肴を壺公に差しだしました。やがて壺公は費長房を壺の中に誘います。費長房が壺公に誘われて飛び込んだ壺の中は仙人の世界で、美しい宮殿、楼閣が聳えています。そして壺公は自分が仙人であることを告げ、費長房は彼に師事することになりました。

ある日のこと壺公は費長房に向かって「わしはこの地を離れるが、そなたも行くか」と聞きました。費長房は行きたいのですが家族のことが心配です。そこで相談すると、彼は一本の青竹を斬って費長房に与え、「この竹を持って帰り、病気だと家族に告げ、その竹を寝床に置き、黙って出てくればよい」と指示を与えました。費長房がそのとおりにすると、家族は費長房が死んでいるのを発見しました。死体と見えたものは実は竹にすぎませんでしたが、家族は気がつかず、泣いてこれを葬りました。これこそ尸解仙の術です。

費長房は壺公に従って深山に入り、仙人になるための修行が始まりました。修行の最初の試練では、費長房は虎の群れの中に一人とり残されてしまいました。虎は牙を鳴らし大口をあけて今にも襲いかかろうとしましたが費長房は恐れませんでした。

次の試練では、石室の中に閉じ込められました。石室の天井には一枚の万斤（約二トン）もあろうかという石の板が縄で吊りさげられています。その縄に無数の蛇がからみついて縄を齧り、縄は切れそうになりました。しかし費長房はこれも恐れず、逃げ出そうとはしませんでした。壺公はその部屋に帰ってきて、「おまえは教えがいのあるやつだ」といいました。

しかしその次の試練では、費長房に、糞を食えといいました。糞の中には大きな蛆がわき、すさまじい匂いがします。さすがに費長房もこれだけはできませんでした。壺公はこれを見て、費長房が仙道を極められないことを嘆き、彼を帰らせることにしました。別れぎわに壺公は護符を授け、「これがあれば地上の鬼神の主になれる」とその効能を告げました。彼が家に帰ってから護符はそのとおりの効力を発揮し、彼に屈伏しない鬼神、妖怪はいませんでした。しかし費長房の最期は悲惨でした。例の護符をたまたま無くした隙に乗じて、無数の鬼神、妖怪が襲いかかり殺されてしまいました。

仙人のエピソード

■左慈（さじ）

左慈（字は元放）は後漢の人で、廬江（ろこう）郡（安徽省廬江県）の出身です。学問ができ、天の星や気象を見て人生を占うこと（星気）にも通じていました。時に漢帝国はその命運が尽き、三国志の英雄達が「中原に鹿を逐う」戦乱の時代が始まろうとしていました。こうした時代を予感した彼は、道を学び六甲（りっこう）と呼ばれる悪鬼や凶事を避ける法に精通し、鬼神の使役を得意とするようになります。廬江郡に近い天柱山に入り修行し、天柱山の石室の中で『九丹金液経』を手に入れ、変化自在となりました。

三国志の英雄の一人である魏王曹操（そうそう）は、このことを聞いて彼を召し出しました。ある宴会のこと、曹操は大勢の参加者に向かって、「今日の宴会には珍しいごちそうが並んでいるが、呉の松江の鱸魚（りぎょ）だけがない」といいました。すると左慈は水を張った銅盤を持ってこさせ、ここで釣りをして鱸魚を一匹釣り上げました。曹操は手をたたいて笑い、出席者はみな驚きました。曹操が「一匹では皆が食べられない」というと、左慈は銅盤から次々と鱸魚を釣り上げました。曹操が「魚は手に入れたが蜀の生薑（はじかみ）がないのが残念だ」というと、左慈はそれもすぐさま手に入れました。また曹操は彼を試すために、石室に入れ監視をつけて一年間も断食させました。一年後、引き出したところ顔色はもとのままでした。このようすを見た曹操は左慈が邪法（左道）を操る妖人であると思い込み、彼を殺そうと考えました。しかし左慈はこのことを知り、隠遁を曹操に申し出ました。曹操がその理由を問い質したところ、左慈は「閣下が私を殺そうとしているからです」とありのままを答えたので、曹操もこの時は隠遁を許しました。

しかし曹操は左慈を殺そうという考えを捨てませんでした。そこで官吏をやって彼を捕らえようとしました。左慈は羊の群れの中に逃げ込み、得意の術を使いました。羊の群れを数えてみると一匹多いので、左慈が羊に化けたことは分りましたが、どの羊が左慈かは分りません。官吏は羊の群れに向かって「主人は先生にお目にかかりたいだけで、おびえることはありません」と告げました。すると一匹の羊が群れの中から進み出て、「お前はうそつきだ」といいました。さあこの羊が左慈だというので、人々がこの羊を捕らえようとすると、群れの羊はすべて「お前はうそつきだ」というので、官吏はどれが左慈か分らず、捕らえるのをあきらめました。

その後、左慈の居所を知らせる人があり、曹操はまたもや彼を捕らえようとしました。今回は左慈はその術を曹操に示そうとしていたので、逃げることをやめ、曹操が派遣した人に捕まりました。曹操は左慈を牢獄に入れました。そこの牢役人が左慈を拷問にかけようとすると、なんと牢獄の内外を問わず到るところに左慈がいるではありませんか。報告を受けた曹操は左慈を引き出して市中で殺させようとしましたが、居所が分らなくなったので、城門を閉めさせて左慈を捜させました。ところが全市の人々が左慈と同じ姿になってしまい見分けがつかなくなってしまいました。そこで曹操は見つけ次第、正体が誰であっても殺すことにしました。後に左慈を殺した者がおり、彼の死体を曹操に献上しました。曹操は大いに喜びましたが、彼のもとに運びこまれた左慈の死体をよくよく見ると、それはただの藁人形でした。

荊州の刺史（しし、州の民政、軍事の権力を握る長官）の劉表（りゅうひょう）は曹操の敵でしたが左慈を民衆を惑わす妖人とみなし、捕らえて殺そうとする点では一致していました。左慈は劉表が一万の軍勢と客千人を引き連れて出陣していることを知ってわざわざ術を見せるためにその陣所に出向いて行きました。左慈は劉表を訪問し、まず手みやげとして兵士全員に酒と肴を差し上げたいと申し入れます。劉表は左慈が一人旅であり軍勢は一万もいるのでまさかそんなことはできないであろうと思いました。左慈が出したのは酒一斗（一・九八一リットル）と器に盛った乾肉でしたが、十人がかりでも持ち上げられませんん。左慈はこれを一万人に分けて配りましたがもとの酒も肉も減りませんでした。また左慈は客にも酒と肴を振る舞い皆充分に酔うことができました。これを見た劉表は非常に驚き左慈を殺す気がなくなってしまいました。

左慈は呉の討逆将軍孫策（そんさく）と会うことになりますが、孫策もまた左慈を民衆を惑わす妖人とみなし、捕らえて殺そうと考えました。孫策は外出に左慈を伴い、自分の手で後ろから刺し殺すつもりでした。左慈は木の履をはき、竹の杖をついてゆっくり歩いていきました。討逆将軍孫策は馬に鞭をくれて、兵士を繰り出して彼を追いましたがどこまで行ってもゆっくり歩いている左慈に追いつきません。これで孫策は左慈の術を認め彼を殺すことをやめました。

この後、左慈は弟子の葛玄（かつげん）にいとまを告げ、霍山（かくざん）に入り、仙丹を調合し天に昇りました。弟子の葛玄もよく仙術を使うことができ、その術を弟子の鄭穏（ていいん）に伝えました。『抱朴子』を著した葛洪は葛玄の親戚であり、鄭穏を師匠として術を学びました。神仙道はこの葛洪の手によって集大成され、体系化されています。

■張陵（ちょうりょう）

彼は漢の時代の人で、沛国（江蘇省沛県を中心として安徽省の北部を含む）の出身です。もともと太学（官吏養成のための国立の学校）の学生で儒教の学問に精通していましたが、この学問が寿命について無益であると嘆き、不老不死の道を学んで黄帝九鼎丹法を

会得しました。

これは丹薬を製造する術で、その材料には金が必要です。しかし張陵の家は貧しく、また農業も牧畜も不得手であるので、生活ができなくなってしまいました。そこで彼は蜀（四川省）の人は純朴で親切である上に教化しやすく、そこには修行をするのに向いた山が多いと聞き、弟子とともに蜀に移住しました。鵠鳴山（こくめいざん）に住み、瞑想をしていたところ、天人が降臨し、彼に「正一明威之道」という術を授けました。これにより彼は病気を治癒することも人を病気にすることも自由自在となり、民衆は争って彼の弟子となり、数万人にまで達しました。

張陵はここに至って教団を作り、「祭酒」という職を設けて弟子を分割統治させ、規約を作り、税金のように米、絹、紙、筆、薪などを上納させました。彼は道路や橋を修理させ、修理しない者は病気にしましたから、民衆は自分から進んで公共事業を行いました。また罪を恥じるように民衆を教化したため、皆が善人となりました。

財を得た張陵は、丹薬を製造することに成功し、その半分を服用して地仙となり台地にとどまりました。彼は分身を数十人も作り、分身に来客を接待させ、自分は家の前の池で舟遊びするというようなこともしました。彼は自分の術を伝えるべき弟子を二人得ると丹薬を服用して、二人の弟子とともに天に昇りました。彼が去った後、彼の教団は「五斗米道」と呼ばれるようになり、二代張衡（ちょうこう）、三代張魯（ちょうろ）と受け継がれ、陝西省南部の漢中地方に独立政権を形成し、蜀に大きな影響力を持つようになりました。この教団は、張魯の時に曹操の攻撃を受け（二一五年）、張魯は曹操に降伏し一度は崩壊しました。しかし張魯は厚遇され、教団は後に「天師道」と呼ばれる教団として再建され、中国の道教界の大勢力となっています。

＊一　**方術**　方術という言葉は、神仙道における術（魔法）を指すだけではなく、漢の時代には、医術や占いなどのさまざまな術（技術）も指す言葉でした。時代がたつにつれて魔法のみを指す言葉に変化しました。

十一

修験道——Syugendo

修験道

Syugendo

修験道とは

修験道は、国土の八割が山であるわが国に生まれた、特殊な宗教形態です。その目的は修行によって超自然的な力（験）を得ることにあったため、東洋系のあらゆる魔術的要素をその内にとりこんでいます。山中生活者の信奉していた山岳信仰をもとに、神仙思想、陰陽道などが含まれますが、特に密教からは多大なる影響を受けています。

■山岳信仰と修験道

古代の人々にとって、うっそうとした光の届かない山は、何がひそんでいてもおかしくない異界でした。里人も役人も、山に入ることはなるべく避けました。したがって、追われる者は山まで逃げてしまえば、ほぼ捕まることはなかったのです。そこはしだいにアウトローのたまり場となり、それゆえ人々はさらに山を恐れました。

アウトローの中にはもちろん犯罪者も混じっていましたが、その多くは大和朝廷などの中央権力によって追われた人々でした。彼らは朝廷以前の思想の持ち主で、その根底には神道以前の原日本的宗教が流れていました（これは狼や熊、猪、蛇などの形をした自然神を恐れ敬う、アニミズムに近いものだったようです）。里人は彼らのことを、山人とか山窩と呼びました。山人は、朝廷や山の野生動物などから身を守るために集団を作り、独自の神をあがめ、生き残るためのノウハウを生み出していきます。これが修験道の母体となった山岳信仰です。修験道の中でも、特に刃わたり、火わたりと呼ばれる術は、この山岳信仰からきたものとされています。

修験道の験力（げんりき）は、すべて苦しい修行を積まないと得ることができません。その修行も並大抵のものではありません。古来より験力をつけんと山に登った者のうち、志を全うした者は数少なく、多くは修行の辛さに逃げ出すか、さもなくば修行途中で野山に屍を晒すことになったのです。

まずは、水垢離（みずごり）をしたり、瀧に打たれたりします。もちろん、打たれて気持ちのいい夏だけではありません。凍えるような冬のさなか、一面雪に覆われた山中の瀧の水に打たれるのです。これによって身や心の穢を払い純粋な心を取り戻すのです。すると、神霊がその身に乗り移り、神の力を身につけることができるのです。

また、断食・断水・不眠・不動の四無の行をもって、死に直面するような荒行を平気で行います。また、何年も里に戻らず、山中を歩き身を苦しめ、禁欲し孤独に耐えます。ごうごうと音をたてる大瀧の元で、瀧の音に負けじと大声で祈ります。

■山伏の服装

山伏の服装には、すべて意味があるとされています。というのは、一般に山伏は、山岳苦行を第一とする実践的な人達なので、あまり教理を学習する時間がないのです。そこで、自分も覚えやすく、民衆に説明するにも容易なように、自分の持物や服装を示して、教理を説きます。これが山伏問答です。謡曲『安宅』では、以下のようです。

「夫れ山伏といつぱ、役の行者の行儀を受け、その身は不動明王の尊容をかたどり、兜巾といつぱ五智の宝冠なり。十二因縁のひだをすゑて戴き、九会曼荼羅の柿の篠懸（すずかけ）、胎蔵黒色のはばきをはき、さて八目（やつめ）の草鞋（わらんづ）は、八葉の蓮華を踏まへたり」

つまり、山伏の服装は不動明王の姿を写したものだといっているのです。これは、密教における即身成仏を表しているとされています。不動明王は、実は大日如来の化身です。つまり、穏やかに諭しても分らない愚者や悪人（難解難入の衆生：なんげなんにゅうのしゅじょう　と呼びます）を剣で威かし、それでも聞かなければ、索で縛って引っ張ってきます。親切といえば親切ですが、やや行き過ぎの感もします。この不動明王に仕えるのが矜迦羅童子（こんがらどうじ）と制吒迦童子（せいたかどうじ）です。

さて、山伏の服装で一番目立つのは、頭にちょこんと乗った兜巾（ときん）でしょう。

布を漆で固めたり、木で作ったりした六角形尖頭型の小さなかぶりもので、額にのせて、紐で顎か後頭部に結びます。もともとは、山伏問答でも分るように十二角形で十二のひだがある大きくて頭を蔽うものだったようです。この兜巾を大日如来の「五智の宝冠」にたとえます。五智とは、大日如来の五つの智恵を表します。つまり大円鏡智（だいえんきょうち―東方阿吒如来）、平等性智（びょうどうしょうち―南方宝生如来）、妙観察智（みょうかんざっち―西方阿弥陀如来）、成所作智（じょうしょさち―北方不空成就如来）、法界体性智（ほっかいたいしょうち―中央大日如来）の五つです。

山伏の衣服を篠懸（すずかけ）といいますが、これにはあまり因縁はありません。というのは、篠懸はもともとはヒタタレと呼ばれる庶民の普段着から発展したものだからです。ですから、普段は上着の裾をモンペのようなものの中にしまい込んでいました。歌舞伎や能では、裾を外に出しているので、スタイルはいいのですが、実際にあんな格好で山野を歩けば、あっという間にボロボロになってしまいます。

結袈裟（ゆいげさ）というのは、山伏の胸についている丸い飾りです。本当は、あの丸い飾りをつけている幅広の紐のほうを結袈裟というのですが、どうしても飾りのほうが目立ってしまいます。これは山野を歩く時、袖が引っ掛からないようにするための、たすきから発展したものです。現在は二寸（六センチ）幅の帯状の布を首から下げて、ボンデンを二つずつそれぞれつけます。この飾りは房（ふさ）、または束房（たばふさ）と呼ばれ、山伏の階級によってさまざまな色があります。また、衿の後ろから背中にも打越（うちこし）という紐が下がっていて、これにも房が二つついています。

最後に、前から見ると分らないのですが、お尻にちょうど座る時に腰掛けるのに便利なようについている毛皮が曳敷（ひつしき）です。これをもって、山伏が僧ではない証とします。なぜなら、僧が生き物を殺した結果である毛皮を身につけるわけがないからです。修験者が、僧などではなく、マタギなどの山人の末裔であることの証といえましょう。

■山伏の持物

山伏はなぜかいつでも、箱のような物を担いでいます。笈（おい）と呼ばれるのが、それです。昔は竹で作った竹籠のような竹笈や、木で作った板笈などもありました。しかし、最近では箱笈といわれる小さなロッカーぐらいの箱を背負っています。これら笈には、

天狗

天狗と修験道も、大変近いものです。そもそも、天狗のいでたちといえば山伏の格好そのものですし、深山にいてさまざまな超自然能力を振るうところなど、ほとんどそのままです。

天狗には、烏の頭をした烏天狗と、鼻の高い天狗の二種類が良く知られていますが、ほかにも色々いたそうです。しかし、有名なこの二種類の天狗は、どちらも山伏の衣裳を着て、足には一本歯の高下駄を履いています。

彼らの正体は、修験者に仕える山の精達であるとも、修験者自身であるともいわれていますが、詳しいことは別巻の『幻想世界の住人たち』を参照してください。

下に長い足がついていて、完全に座らなくても、その足にもたれて体を休めることができるようになっています。山伏は、この笈のなかに深山修行のための道具をすべて入れて、山に入ったのです。

次に、山伏は手に錫杖（しゃくじょう）と呼ばれる、杖を持っています。山伏が歩いている時、シャーンシャーンと音がするのは、この錫杖が鳴っているのです。これは、悪魔を祓う呪力があるとされ、山中修行者の景気づけの楽器としても使われています。

錫杖と紛らわしいのが、金剛杖です。こちらは八角に削った長い棒です。比叡山や南都の僧兵が刀でなく、なぎなたを持つのは、棒術や杖術の伝統からではないかと思われます。金剛杖は、もとは山人の持つ山杖から来たものだといわれます。

山伏が斧を持っているのを見るのは、今では珍しくなってしまいました。しかし、今でも正式の山伏行列の先頭は入峯斧を持っています。これは、まさに生死を分ける実用品で、人の入らぬ山中を行くにはなくてはならないものです。

そしてもちろん山伏は数珠を持っているに違いありません。伊良太加数珠（いらたかのじゅず）といいます。これは、普通の数珠の倍以上もある大きな数珠で、大抵は材質の堅い木で作られています。これをザラザラと鳴らして、病気平癒や怨霊退散を祈願するのです。

誰でも、ＴＶなどで山伏の吹く法螺貝の音を聞いたことがあると思います。法螺貝は、孤独に修行する山伏達の連絡用に使われたのが最初です。しかし、法螺貝を「護法善神」と呼ばれる善天狗を呼んだりするのにも使われました。また、「貝の緒」または「螺緒」とも呼ばれる長くて太い紐がついていて、ザイルの代りにもなりました。この紐の長さは十六尺から三十七尺まであって、偉い山伏ほど長いのでした。

■修験道の聖地

日本には多くの修験道の山があります。その中でも一番有名なのは、やはり大峯山でしょう。なんといっても役小角が開いた山ですから。ただし、役小角は、始めは葛城山の修験者として、出発しました。吉野には、井光（いぴか）の子孫の角乗、角仁などの名が残っています。

九州には彦山があります。ここの開祖は北魏僧善正と豊後日田の狩人藤山恒雄とされています。

奥羽地方に覇を唱えたのが、出羽三山です。出羽三山とは、羽黒山・月山・湯殿山の三つから成ります。関東・東北の村では、分かれ道・神社・寺院などに出羽三山碑が多く見受けられ、その影響力の大きさを示しています。ここの開祖は、崇峻天皇の皇子、蜂子皇子またの名を能除太子で、異相だったとされています。

立山の開祖は、佐伯有若または有頼という狩人で、狩りの途中、熊を見つけて矢を射たのに、熊の姿が見えない。なおも山奥に入って行くと、洞穴に自分の矢が胸に刺さったままの阿弥陀如来像を見つけ、発心して立山を開いたとされています。

ほかに白山・富士・日光・大山・石槌を合わせて、日本九峰（にっぽんきゅうぶ）といいます。

■九字（くじ）

九字とは、九種の印を結び、九字のまじないを唱える修法のことです。九字は、敵を退け、悪魔・悪霊・邪鬼などの類を滅ぼし、災難を避け、願いを叶わせる修法です。このように、多くの効能があるのですが、基本的には破魔の力を秘めた修法です。九字のまじないとは、臨兵闘者皆陣裂在前（りんぴょうとうしゃかいじんれつざいぜん）の九字です。

印の形は図を見てもらえれば分りますが、字の順に、普賢三昧耶（ふげんさんまいや）・大金剛輪（だいこんごうりん）・外獅子（げじし）・内獅子（ないじし）・外縛（げばく）・内縛（ないばく）・智拳（ちけん）・日輪（にちりん）・隠形（おんぎょう）の九種を結びます。その後、刀印（とういん）を結びます。火急の際には、刀印だけ切ってすますこともあります。これを早九字と呼びます。早九字は手を刀印の形に組み、横に五回、縦に四回線を引くように動かします。まず最初に横（→）、次に縦（↓）、それぞれ交互に切ります。つまり碁盤のように切るわけです。

臨	兵	闘	者	皆
人指し指を立てて、ほかの指は組みます	人指し指を立て、中指をからませ、小指、薬指は組みます。親指は立てます	薬指、中指、親指を立て小指、人指し指は組みます	人指し指、親指を立て、ほかの指は指の甲の側で合わせます	全部の指を組みます

陣	裂	在	前	刀印
指をすべて内側で組みます	左手の人指し指を立て、右手で握り込みます	両親指と人指し指で円を描きます	左手を軽く握り、右手でおおいます	右手の人指し指と中指を立てます

これは、密教系の術ではなく、道教の九字の呪法が修験道に取り入れられて、それぞれの字に、印を配して成立したものです。

修験者の験力

修験者の験力の源泉は、苦行によって純化した当人に宿る山の神霊と、呪文の力です。また、強い験力は、不動明王から力を得ています。以下に修験道の験力をみていきます。

■飛行術

修験者の力でもっとも有名なのは、この飛行術でしょう。修験者は自分の行きたいところへ、その体を信じられない速さで移動させることができます。役小角（えんのおづぬ）はその飛行術で、日本全国はもとより朝鮮や唐、はては天竺にまで飛び、そこで修行を行ったとされています。

伊豆に流されてからも、その習慣は変わらず、昼はおとなしくしていて、夜のうちにあちらこちらに行ったとされています。その速度は、唐まで往復して向こうで殆ど何もしなかったとしても、時速五百キロメートル以上、つまりマッハ〇・五もの速度です。

■鬼神の駆使

これも、普通の修験者にできることではありません。けれど、役小角クラスの験力を持っていると、鬼はもちろん、神にすら命令を下すことができると伝えられています。実際、役小角は鬼神に命じて水汲みや薪割りをさせていたそうですし、従者として前鬼・後鬼（妙童鬼・善童鬼とも義覚・義玄ともいわれます）の二鬼が知られています。

それどころか、役小角は葛城山の一言主の神に葛城山から吉野金峯山まで橋を架けるよう命じ、一言主の神が断ると、験力をもって呪縛し閉じ込めてしまったとされています。これが有名な「久米の岩橋」伝説です。『日本霊異記』や『今昔物語』などに載っていますから読んだことのある人も多いかもしれません。

■合薬・造毒

合薬・造毒は、ほかの術に比べ、それほど高度な術ではありません。ですから、強い験力などない一般の修験者であってもできました。彼ら一般の修験者の作る薬のおかげで、多くの庶民の命が助かりました。なんとなれば、古代においては、渡来人か修験者以外に医者などいなかったのです。

■飛鉢法

修験者も食べないでは生きていけません。しかし山岳修行では、山を降りるわけにもいきません。そこで開発されたのが、この飛鉢法です。これは、本人が托鉢をする代りに、鉢だけを飛ばして托鉢をさせるのです。

『信貴山縁起絵巻』では、信貴山の山伏命蓮聖（みょうれんひじり）が鉄鉢を飛ばして食を乞うていましたが、ある時山崎の長者がこれを忘れたため、倉が鉄鉢に乗って信貴山まで飛んでいったとされています。

また、別の話では、山伏の飛鉢がほかの山伏の飛鉢と空中で供え物の奪い合いをした話まで残っていて、ちょっとした空中戦をやっています。

忍者

小説やマンガなどで、忍者が印を切っているシーンは数多く見られます。また、忍者の主な出身地である伊賀や甲賀は、大峰山系に連なる布引山地にあります。これらから、すぐ想像できるように、忍術と修験道には深い関係があります。九字などは、修験道の源流である山岳信仰の担い手であった山人達に、修験道の技術が、逆に導入されたのです。そして、狩りのための忍び歩きやわなの作成、聞き耳の技、薬品製造の技術、採鉱の技術などを、戦国大名達は間者として必要としたのです。

これが、忍者の源流です。彼ら忍者は山の抜け道を熟知していましたから、平地を回るよりも何倍も早く目的地に着けましたし、さまざまな薬品を携えていました。ですから、その体術と知識を用いて、さまざまな奇跡を起こすことが可能だったのです。

■結界

修験道は男の世界です。現代においてすら、女性の立入りを禁止している山も多数あります。ましてや古代においては、比丘尼（びくに）や巫女（ふじょ）ですら出入りできませんでした。この聖域と俗界との境界を結界といいます。この結界は、強い力で守られており、結界内に入った女が石に変えられてしまったそうです。

もちろん、結界は女性だけを対象としたものではなく、いろんな対象に対する結界があります。狼が入ってこない結界とか、賊が侵入しない結界などもありました。

■役小角（役行者―えんのぎょうじゃ・役優婆塞―えんのうばそく）

役小角こそは、日本修験道界の開祖にして、最大のスーパースターです。もちろん、彼以前にも山岳修行者はたくさんいたのでしょう。しかし、役小角が、その存在の確実性、その験力において傑出した存在であることは否定できません。それでは、役小角の数多いエピソードのうち、いくつかをあげてみましょう。

役小角は、山で苦行を行い、神仙術を学び、孔雀明王呪法を修行し（密教の力）、素晴らしい験力を身につけたと伝えられています。

役小角が、讒言で逮捕されようとした時、役人たちは小角を捕まえることができませんでした。それというのも、小角は自由に空が飛べるので、捕まるわけがなかったのです。

そこで、母を身代りに捕らえると、やむなく役人に捕らえられて伊豆に流されたといいます。

しかし、その後も昼はおとなしく伊豆の島に居て、夜は海上を陸のごとく歩き、富士山に飛び上がって山岳修行をしたとされます。そして、三年後の正月、大和に帰ると鉄の鉢に母親を入れたまま、仙人となって天に上がり、行方が知れなくなりました。

しかし、その後、朝鮮に渡った者が、五百匹の虎の中に日本語を話す虎がおり、その名を聞くと「役優婆塞」と答えたとされています。

また、役小角が日本人にふさわしい本尊の出現を祈ったところ、まず釈迦如来が現れました。しかし、小角はそれでは優しすぎますといいました。すると、次に弥勒菩薩が現れました。しかし、小角はそれでもまだ駄目ですといいました。すると最後に三目二臂にして三鈷をふりあげ、大忿怒形の蔵王権現が現れました。小角は、これこそ日本にふさわしい本尊だとして祀り修験道を開いたと伝説が残っています。この蔵王権現は不動明王の化身なので、山伏は今でも不動明王の姿をまねた格好をしているのだといわれています。

密教と修験道

滝や洞穴があり、危険な魔物が住み、また邪魔になる人間があまり住んでいないことなどから、山はうってつけの修行の場所でした。仏教の中でも特に修行を重んじる密教徒は、山中に伏して（ここから山伏という言葉が生まれました）荒行を重ねました。行がうまくいくと、そのしるしとして法力、あるいは「験」を授かります。修験者というのは、当初こうした験を修めた密教僧のことを表していました。

しかし、験を修めたいと考えていたのは何も彼らだけではありません。陰陽師、神主などあらゆる宗教家が山へこもって修行をはじめました。彼らはやがて協力して一つの宗教集団をつくるようになります。それが、修験道なのです。

修験道は密教・道教・陰陽道・神道などが山岳信仰と融合して生まれたものであり、特に密教には大きな影響を受けているので、密教の事を少しは知っておかないと分りづらい点があります。

以下に密教の概要を述べます。

■密教とは

密教といえば、仏教の一宗派であることは誰でも知っていることでしょう。空海や最澄が、唐から持ち帰ったと思っている人が多いと思います。しかし、本当は、飛鳥時代から密教はちゃんとあったのです。ただ、それは雑密（ぞうみつ）と呼ばれる理論体系のはっきりしないものでした。しかし、空海によってもたらされた純密（じゅんみつ）は、インドヨーガの教えも取り入れて発達した、純密の直系でした。

密教の根本経典といわれるものに、『大日経』*[1]と『金剛頂経』があります。これら二つで「両部大経」といいます。これらは、七世紀にさまざまな雑密を体系的にまとめあげてできたとされています。

密教は、より新しく、より優れた修法（呪い）として受け入れられたのです。そして、密教僧たちも、（政策的にかもしれませんが）密教の修法には、以前からのさまざまな呪法より霊顕あらたかであることを宣伝して、その地歩を固めていったのです。

■曼荼羅（曼陀羅――まんだら）

曼荼羅とは、仏教世界を、仏や不動明王を並べることによって図示した一種の地図（宗教哲学図とでも訳した方がよいかもしれません）のようなものです。ですから、曼荼羅には、その思想のすべてがあるといえます。もちろん、それは分る人だけにしか分らないのですが、分る者は、一目見るだけでその思想の真髄を得ることができます。

曼荼羅といえば、金剛界曼荼羅と胎蔵界曼荼羅の二つが有名です。金剛界曼荼羅の方は『金剛頂経』に、胎蔵界曼荼羅の方が『大日経』に対応しています。しかし、これら二つ以外にも多くの曼荼羅があります。多くの寺院には、その寺の縁起を記した曼荼羅があるのです。

■密教の咒法（じゅほう）

密教では、咒法は経を唱え護摩を焚いて行うので、基本的には願ってすぐ効果があるわけではありません。ですから、咒法もそれに応じた効果のあるものしかありません。つまり、敵の目の前で、炎で敵を焼きつくすような即効性の咒法は、なかったのです。

護摩とは、ペルシアの炎の崇拝から来たといわれる火で、すべての煩悩を焼きつくすといわれます。しかし、不思議なことに、真言密教でしか焚かれる事はありません。

■調伏（ちょうぶく）

密教が日本に必要だったのは、この鎮護国家の咒法を行うためでした。当時、日本は新羅を仮想敵国としており、外敵調伏（つまり、外国の敵に軍事的に勝利する）の咒法は是非必要なものだったのです。

そのために東密真言宗が出したのが、「太元帥法（たいげんすいほう）」でした。その本尊曼荼羅に描かれたのが四面八臂の太元帥明王（たいげんすいみょうおう）です。字面に元帥などという言葉が入っていることからも分るように、この法は、外敵調伏のために大変有効な咒法でした。以後、「太元帥法」は将門の乱や純友の乱の時にも修される、東密の代表的鎮護国家の秘法として残ります。

平安時代は、政争の時代でした。そして、それに敗れた者は、深い恨みを残して世を去ったのです。その浮かばれぬ魂が、御霊（ごりょう）です。有名な御霊に、早良親王・菅原道真・平将門らが知られています。彼らの霊を鎮め、害を起こさせないために、怨魂調伏が行われました。

■宿曜道（すくようどう）

古代インドの天文学から発展したものですが、密教に入って『宿曜経』を生み出しました。これは、七曜・十二宮・二十八宿と人の生まれた日との関係から、人間の一生を占い、毎日の吉凶を決め、より良い星宿を祈願して、災を避けて幸福を呼ぶという、占星術の密教版です。

平安時代に特に発達し、陰陽道と混合して、かの有名な貴族の「物忌（ものいみ）み」や「方違（かたたが）え」などを生み出しました。「物忌み」とは、その日は縁起が悪いので、出歩いたりするのを控え、精進潔斎を行うことをいいます。「方違え」とは、どこかに行く時、その方角に行くことが縁起が悪いので、一旦別の方角に行き、それから方角を変えて目的地に行くことです。この時、悪い方角に向かって行っては絶対にいけません。これらを行うことによって、不運を除き、(都合の良い日、良い方角を選ぶことで)幸運を招くことができたのです。

＊一　**大日経**　正式名称を『大毘盧遮那成仏神変加持経』といい、その名の通り大毘盧遮那如来(大日如来)について語った経文です。

付録

毒

毒とは

毒物（POISON）とは生物に対して有害な作用を及ぼしたり、その機能を重度に傷害したり、死滅させたりする可能性のある物質で、特に動物がその毒線から分泌する毒液をヴェノム（VENOM）と呼びます。

たしかに毒はそれによって生命をおびやかされるものにとっては迷惑なものですが、毒自体を持つ植物、動物にとっては、逆に自らの命を守り、それによって種の繁栄をもたらすものにほかなりません。なぜなら、毒を持つ動植物を人間やそのほかの動物は食べないからです。それは人間においても一緒です。使用する側とされる側において勝と負、生と死に分かれるのですから。

ここでは植物や動物などの持つ毒について解説します。現在では、たとえば麻酔一つをとっても注射やガスなどの方法がありますが、それ以前の文化では、毒を使用する場合は、食べ物・飲み物に混合して、服用させるものがほとんどです。また、矢や剣、針などに塗って使用することもあります。これなどは現代医学の静脈・皮下注射技術に対応します。

なお、薬草の中に含まれている毒の成分の抽出方法は、それぞれ異なりますので、ここではその成分と薬効のみを表示します。また、毒の成分は専門用語を使用しておりますが、一つ一つの説明は、割愛させていただきます。

◉薬草

薬草名

フクジュソウ（福寿草）／きんぽうげ科／多年草

生育地

主として中部以北の日の差し込む山林下に生育しています。春先には鉢植えとして市場に出回っています。そのほか朝鮮半島、中国、シベリアにも分布しています。

薬効・毒性

全草中に強心作用を持つ強心配糖体シマリンが含まれ、少量でも血液中に入ると心拍数を減少させ、心収縮力を強めるため、収縮した状態で心臓停止します。

薬草名

スズラン／ゆり科／多年草

生育地
北海道、本州の中北部の高山／一部関西、九州の山地
薬効・毒性
全草中に強心配糖体コンバラトキシンが含まれ、体内に入ると死亡することもあります。また花から抽出される香料は香水の成分としても使われています。

薬草名
ジギタリス（キツネノテブクロ）／ごまのはぐさ科／野生は二年草、栽培は多年草
生育地
ほぼヨーロッパ全域に見られます。
薬効・毒性
葉に強心作用を持つジギトキシンとジトキシンが含まれています。種子と根にジギタリンが含まれています。
ジギタリスは現代医学においても、うっ血性心不全や、抗不整脈薬として使われています。
※開花前の葉とコンフリー（食用の植物）がよく似ているのでまちがえて中毒（フクジュソウと同じ症状）を起こすことがあります。しかし、大量に食べなければ死亡する可能能

性は極めて低いものです。

薬草名
キョウチクトウ、オモト、ストロファンツスノキ

症状
悪心、嘔吐、頭痛、神経痛様疼痛、精神錯乱、譫妄、視覚異常、不整脈などを起こします。ストロファンツスノキはアフリカ土民の矢毒です。

※すぐ死に至ることはありませんが、動物や敵の行動をこの毒によってさまたげる（自由を奪い）ことで、捕らえることができます。

薬草名
ハシリドコロ（ユキワリソウ、オメキグサ）／なす科／多年草

生育地
本州、四国、九州のやや深山の陰湿樹下。

薬効・毒性
ヒオスチアミン、アトロピン、スコポラミンがその根茎と葉に含まれ、中毒を起こします。

食したり、傷口から体内に入ったりすれば死亡する可能性が高いものです。

薬草名
チョウセンアサガオ（マンダラゲ、キチガイナスビ）／なす科／一年草

生育地
原産はインド。日本に帰化し、空地、荒地などに野生している。

薬効・毒性
スコポラミン／ヒオスチアミン／アトロピン

症状
興奮、精神発揚、幻覚、不穏、錯乱、狂躁、譫妄、昏睡、呼吸促迫、呼吸抑制（アトロピン）、中枢抑制、鎮静（スコポラミン）の作用があります。

※華岡青州がこれを麻酔もしくは昏睡状態にするのに用いて（通仙散あるいは麻沸散）世界で初めて乳ガンの手術に成功しました。当時としては、これは大変な冒険で、使用される側も医者も死を覚悟して行ったと思います。

薬草名
ドクニンジン／二年草

生育地
ヨーロッパ
薬効・毒性
全草中にコニインが含まれています。
症状
だ液分泌、運動神経麻痺、呼吸困難
※「ヘムロックの毒薬」と呼ばれています。
死後もなお永遠の不死の扉を開くといわれており、ソクラテスの死刑に用いられたことは有名です。毒物はコニインを含むものであったといわれています。

薬草名
タバコ
生育地
南アメリカ
薬効・毒性
主要毒はニコチンで、その毒性は約四十ミリグラムで致死量とされています。

症状

死に至らなくとも悪心、流涎、腹痛、激しい下痢、冷汗、頭痛、めまい、視聴覚障害、精神錯乱、脱力、呼吸興奮などの症状を起こし、脈拍はしだいに速くなり、不整脈、血圧上昇のち下降、呼吸困難、失神、虚脱、痙れん、呼吸麻痺ののち死亡に至ります。

※大量のニコチンに対する特効薬は現在存在していません。

薬草名

ヤマトリカブト／キンポウゲ科／多年草

生育地

本州中部地方以北および北海道の日の当たる山草地に生育し、猛毒を持つ山草としてあまりにも有名です。わずかの量で死に至ります。また、烏頭、附子（うず、ぶし）などとも呼ばれ、生薬としても重要で、八味地黄丸や、前に述べた華岡青州の使用した通仙散にも加えられています。漢方では、鎮痛、強壮、興奮、新陳代謝の促進をうながします。

薬効・毒性

アコニチン、メサコニチン、ヒパコニチン、エサコニチン

症状

皮膚、粘膜局所の刺激、掻痒、疼痛、灼熱感、不整脈、呼吸興奮→呼吸困難→呼吸麻痺→

窒息→痙れん→死亡となります。
※ヨーロッパでは古代から中世まで毒殺用に使用されていました。ローマでは近親者、政略上の毒殺、特に継子殺しに多用され、「継母の毒」と呼ばれています。
日本では矢毒として用いられ、日本武尊（やまとたける）の伊吹山での死はこのトリカブトの毒によるものとされています。

薬草名
クラーレ（ツヅラフジ科とマチン科の植物から作られる合成毒）。ツボクラリンとも呼ばれています。

生育地
アマゾン地方

症状
原住民の矢毒に主に用いられ、その症状は筋弛緩から呼吸麻痺を起こし死亡します。
クラーレは消化管から吸収されません。したがってこの毒で殺した動物を食べても害はありません。そのため獲物を狩るときに用いられました。

薬草名

カラバル豆

生育地

西アフリカ地方のニジェール河口

薬効・毒性

エゼリン（フィゾスチグミン）

症状

悪心、嘔吐、腹痛、下痢、頭痛、ふるえ、発汗、顔面蒼白、言語障害、不安、恐怖感、呼吸麻痺→死亡

※「裁きの豆」として有名です。裁判の有罪無罪は、この豆を食べることによって決定されます。無実の人は自分の罪をはらすため死への恐怖心なく一気に飲みます。するとその気分の悪さからか、食べた物を吐き出し、毒は体に回らず、入ったとしても少量なので、生存しその罪が晴れるのです。逆に有罪の人は死への恐怖からかおそるおそる食し、少量ずつのため悪心、嘔吐も吐き出すまでには至らず、そのうち毒がまわってしまう、というわけです。もし、有罪の人でも嘔吐してしまえば、もちろん生存し、その逆もいえます。

薬草名
ドクウツギ（コマウツギ、イチロベゴロシ・市郎兵衛殺し）／ドクウツギ科／落葉低木

生育地
近畿以東の河畔や川の近くの日の当たる丘陵山野

薬効・毒性
葉と果実にコリアミルチンという痙れん毒が含まれています。

症状
食べるとよだれ、嘔吐、呼吸興奮の症状を起こし、多量に食べた場合は痙れんを起こし死亡します。

薬草名
ストリキニーネノキ（まちんし、ばんぼくべっし）／ふじうつぎ科／高木

生育地
インド～オーストリア北部

薬効・毒性
ストリキニーネ、種子と樹皮に多く含まれ、また葉と材中にもその半量ぐらいの割合で含

まれている痙れん毒です。

症状

血圧上昇、呼吸興奮、痙れん↓死亡

知覚刺激により痙れん誘発／破傷風によるものと同種の作用を引き起こします。

※熱帯地方では矢毒に用いられ、日本では殺鼠、野犬狩りに用いられました。食べ物などに混ぜて食べた場合においても消化器官から吸収され死に至ります。解毒方法は、まず第一に食べた物を吐き出すことです。

解毒剤としては典型的なものはありません。中枢興奮を抑えるための中枢抑制薬、あるいは筋弛緩薬で抑えられますが、逆に抑制薬による副作用が問題となってきます。ツボクラリンも若干ですが有効といえます。

◉そのほか

名称

ケシ（阿片）／ケシの未熟果皮の果液を乾燥

毒性

モルヒネ

症状

疼痛、不快、不安の消失→多幸感（陶酔）→放心状態→昏睡→呼吸麻痺→死亡

※テリアカ（ギリシア時代から十八世紀まで存在した解毒薬）には阿片が含まれていたようです。

現代医学においてもモルヒネは痛み止めなどに使われていますが、その使用量は非常に微妙で、頻度が多くなると中毒になります。

名称

コカ

薬効・毒性

コカイン、粘膜に塗布しても致命的

症状

中枢興奮、精神興奮、快活、多弁、疲労感消失、幻覚、錯乱、凶暴、呼吸興奮、嘔吐、痙れん→抑制、抑うつ、呼吸麻痺→死亡もしくは心抑制→死亡

※南アメリカインディアンの用いたコカの葉。

刺激効果が粗末な食事で厳しい労働に彼らを耐えさせてきたようです。

また、この刺激効果や疲労感の消失を求めて少量ずつ服用することにより、しまいには

中毒を起こし、薬効が切れると、錯乱状態におちいったりします。

◉宗教／魔術／儀式用として有名なもの

名称
毒キノコ
生育地
メキシコ
毒性
【実験】
サボテン(ウバタマ)メスカリン…少量でも経口で約一時間後には幻覚症状を起こします。
キノコ(シビレタケ)サイロシビン…二〜三本食べると幻覚が現れ、恍惚状態になります。
つる植物 (オロリウキ) サイロシン…多く用いれば数十分後には幻覚症状を起こします。
※よく宗教儀式に用いられ、生贄となる者の恐怖心を取り除き、恍惚状態にして儀式を行ったりしたものと思われます。また、飲物などに少量ずつ混ぜ集団的な幻覚症状にしたのではないかと考えられています。

名称
にくずく（幻覚剤の原料として知られています）
症状
十〜十二個の実を食べて酩酊状態となり、うわごと、幻覚などを起こします。この幻覚の酩酊状態が儀式に利用されるわけです。

名称
チョウセンアサガオ
生育地
南北アメリカ／アジア大陸
症状
麻酔、幻覚

名称
ベラドンナ／魔術師のイヌホウズキ

薬効・毒性

根／葉に幻覚を起こす成分があります。

◉動物毒

名称

ヘビ

毒性

咬傷

症状

神経毒……コブラ、ウミヘビ／神経麻痺、呼吸・循環障害
出血毒……マムシ、ハブ／出血、壊死、浮腫

名称

サソリ

症状

筋麻痺、局所の痛み、浮腫、発赤、ふるえ、筋力低下、全身衰弱、呼吸困難・麻痺→死亡

※サソリに刺されると、皮下注射と同様で皮下の毛細血管から吸収されます。

名称

ハチ

毒性

アパミン

症状

アナフィラキシーショック、すなわち局所の炎症、咽喉頭部では腫脹のため窒息することもあります。血管が多いところを刺されると激しい全身症状を引き起こします。

名称

ガマ

薬効・毒性

ブフォテニン、ブフォタリン

症状

ブフォテニンは幻覚症状を起こします。

ブフォタリンはジギタリス、スズラン、フクジュソウと同じ中毒症状になります。

名称

矢毒ガエル

生育地

南米、コロンビア

薬効・毒性

バトラコトキシン

名称

フグ

薬効・毒性

卵巣、精巣、肝、腸、皮にテトロドトキシン含有

症状

口唇、舌のしびれに始まり、食後十〜四十分で運動不全、皮膚の知覚麻痺と流涎、筋力低下、悪心、嘔吐、全身性の筋麻痺とけいれんを起こします。死亡率は約六十%です。

名称

クモ／ブラックウイドースパイダー（黒寡婦グモ）、クロゴケグモ

毒性

神経毒

症状

局所の痛み、知覚異常、手足に拍動性鈍痛、筋の硬直、ふるえ、頭痛、流涎、昏睡、呼吸麻痺、循環虚脱

※子供と老人は体重が軽く体重一キログラムあたりの量が多くなり、死亡率が高くなります。

名称

砒素、亜砒酸

毒性

砒素、亜砒酸とも少量では死に至りませんが、永年の服用では、健康を害し、中毒を起こします。むろん多量に用いた場合は、中毒、そして死に至ります。

症状

＊急性砒素中毒

①胃腸型：口や鼻腔の灼熱感と渇き、胃腸の不快感、嘔吐、下痢、筋痙れん、脈拍微弱、痙れん、麻痺、虚脱、数日～十数日で死亡
②脳脊髄型：頭痛、めまい、痙れん、散瞳、譫妄、昏睡、麻痺、数時間～十数時間で死亡

＊慢性中毒

倦怠と疲労感、胃腸疾患、皮膚に黒色の色素沈着、手足の爪に白帯、貧血、衰弱

※亜砒酸は、中世ヨーロッパで「トッファナ水」と呼ばれていました。
日本では、石見銀山ネズミ取りとして有名です。

中世ヨーロッパでは毒殺用に使われました。

アグリピナが（ネロをローマ皇帝にするために）クラウディウスを殺した毒薬は砒素であったとされています。

中世イタリアでは特製砒素入り化粧品を売り歩いていたのは、トッファナと呼ばれた婦人であったため、トッファナ水と呼ばれましたが、これは長期間化粧品を使うことにより、皮膚から砒素が吸収されます。

名称

青酸塩

症状

○・一～○・三グラム以上でただちに昏睡、意識消失、呼吸困難、全身痙れん、散瞳、呼吸停止に至ります。

微量で、頭痛、めまい、嘔吐、痙れん、視野暗黒、心・呼吸障害が起こり、一時間以内に死亡します。

解毒薬として有名なものを二つあげておきます。これらがどの毒に効果があったかは明白ではありませんが、存在したことは確かです。

◎ミトリダティウム：ギリシア時代、解毒、防毒用に用いられました。三十六種の毒物成分を混合したものです。

◎テリアカ：ギリシア語からきた言葉で、毒消しの意味。テリアカには阿片が含まれていたと思われます。十八世紀まで存在しました。

魔法分類

魔術の分類

この本では、魔法の系統別に魔法を分けて扱ってきました。伝統的な魔法の分類に従ったわけですが、もっとドライに単なる物理現象として魔法を分類する方法もあります。

ここでは、魔法をそのメカニズムから分類してみたいと思います。つまり、魔法が発動するのに必要とする準備期間ですとか、その力の源、作用する対象や、作用そのものなどです。

こういった分類は、伝統的魔法使い達はやりません。なぜなら、自分達の魔法の不得意な部分が赤裸々にされますから。しかし、読者の便を考えると必要だと思われるので、敢えて載せてみました。あなたが自分の望む魔法体系を見つけられる事を願います。

◉時間による分類

魔法をかけるのに必要な時間の長さで分ける分類です。

能力魔術
常に働いているので、ことさら意識して使う必要のない魔法です。

呪文魔術
ごく短時間（数秒程度）で、かけることのできる魔法です。戦闘時などに使用される攻撃的な魔法や、恐いことが起こった時のおまじないなどが、主な目的です。

儀式魔術
特別な儀式と、長い時間が必要な魔法です。降雨の魔法や、予知、豊饒の祈りなどの儀式が、主な内容です。

◉力の源による分類

次は、魔法の力の源泉がどこにあるかで分けた分類です。

人間の精神力（超能力のようなもの）
ヨーガが、その代表といえましょう。修験道なども、力の一部は本人の精神力です。

元素の力

自然界に存在する、元素の力を利用した魔法です。錬金術は、ここに入ります。ドルイドの力もここに入るかもしれません。

始源の力

世界の始まりの時の力を、今まで保っているものやその力を利用した魔法です。

言葉の力

言葉に宿る霊的な力を利用した魔法です。ルーン魔術は、ここかシンボルの力か、分類に迷ってしまいます。日本における、言魂（ことだま）などは、まさにこの力です。

歌（詩）の力

歌や詩に秘められた、リズムや韻の力による魔法です。ケルトのバードがもっとも有名です。ドルイドは、詩の力も持っています。また、J・R・R・トールキンの『シルマリルリオン』に出てくるヴァラの御歌なども有名です。

シンボルの力

不思議なシンボルの模様に宿る力を引き出す魔法です。ルーン魔術は、こちらに入るのかもしれません。

神（仏）の力

神や仏の力を借りて起こす魔法です。古来より伝わる宗教上の奇跡は、すべてこの項目に入ります。修験道でも高位の験者になれば、仏の力を借りることができますし、カバラなども神から智恵を授かったのですから、この項目に分類されるでしょう。

悪魔の力

悪魔の力を借りて、さまざまな能力を得る魔法です。妖術は、実際にそうだったかどうかはともかくとして、世間からは悪魔の力を借りる魔法だと思われていました。

精霊の力

自然界に存在するさまざまな精霊の力を借りる魔法です。ドルイド教や、修験道でも、精霊の力を使うことはよくあったようです。

◉対象による分類

何を対象とした魔術かによって、魔術を分類してみました。

知性体（人間やそのほかのヒューマノイドなど）

これらは、知性のある生き物に対する魔法であるため、精神に影響を及ぼす魔法が多くあります。

生物

一般の生き物に対する魔法です。その生き物を召喚したり、いうことを聞かせたりする魔法が多く見られます。

アンデッド

負の生命力をもつ魔物に対する魔法は、やはり魔物の破壊を目的としたものが多いですが、アンデッドにしたり、なったりすることを目的とする魔法などもあります。

物

一般に存在する生きていない物に対する魔法です。運動や、性質の改変などの魔法が主流です。

エネルギー

炎や運動などのエネルギーを対象とする魔法です。さまざまなエネルギーを生み出す魔法が多いです。

環境

自分や部族の住む環境そのものに改変をもたらす魔法です。たとえば、雨を降らす儀式もここに入ります。

魔法

魔法そのものに影響を及ぼす魔法です。敵がかけた呪文を解除する術などがそうです。

幻

さまざまな幻影を扱う魔法です。

そのほか

上記以外の対象です。

◉操作による分類

対象となるものを、いかに操作するかで分けた分類です。5W1HでいうHowに当たるものです。

生成

対象となる物を生み出します。

破壊

対象となる物を破壊します。

物理的変化

対象に物理的な変化をもたらします。

精神的変化（これは生物そのほかの、自分で動く物が対象です）
対象に精神的変化をもたらします。

運動
対象の運動に変化を与えます。

防御
対象となる物から身を守ります。

調査
対象となる物を調べます。

回復
対象となるもののダメージを減らしたり、機能を回復させたりします。

召喚
対象となる物を呼び集めます。

そのほか
上記以外の操作です。

◉効果による分類

対象と操作の二つの分類方法を合わせると以下のようになります。

知性体×生成

ホムンクルスの創造（Create Homunculus）
人造人間の作成（Create manish life）

知性体×破壊

生命の崩壊（Collapse life）

知性体×物理的変化

生き物の形を変える（Shape change）
生き物の形だけでなく、本質から変える（Polymorph）
パワーアップ（Power up）
巨大化（Enlarge）
縮小（Diminish）
若返り（Rejuvenate）

知性体×精神的変化

特殊能力（夜目・透明・壁抜け・えら、など）

魅惑（Charm）
眠り（Sleep）
金縛り（Hold）
支配（Controll）
説得（Persuade）
混乱（Confuse）
無気力化（Demoralize）

知性体×運動

スピードアップ（Speed Up）
スロー（Slow）
飛行する（Fly）
浮遊する（Levitate）
動けなくする（Bind）
テレポート（Teleport）

知性体×防御　なし

知性体×調査　テレパシー（Telepathy）
エンパシー（Empathy）
真実と嘘の検出（Detect truth）
性格の検査（Detect personality）

知性体×回復　怪我を治す（Cure injury）
病気を治す（Cure disease）
毒を消す（Neutralize toxine）
失った部分を再生する（Regenerate）
生き返らせる（Resurrect）

知性体×召喚　ヒーローの召喚（Summon hero）

知性体×そのほか　精神の乗っ取り（Possess）

生物×生成　ゴーレムを作る（Create golem）

生物×破壊　知性体の項を見よ

生物×物理的変化　知性体の項を見よ

生物×精神的変化　知性体の項を見よ

生物×運動　知性体の項を見よ

生物×防御　生き物を近づけない（Protect from animal）

生物×調査　特定の種の生き物の存在を捜す（Detect creature）
生き物の検出（Detect Life）

生物×回復　知性体の項を見よ

生物×召喚	付近の動物の召喚（Summon animal）
	異次元の生き物を呼ぶ（Invoke or evoke another dimention's creature）
	別の時間の生き物を呼ぶ（Summon other time's creature）
アンデッド×生成	アンデッドを作る（Create undead）
	アンデッドになる（Become undead）
アンデッド×破壊	アンデッドを破壊する（Destroy undead）
アンデッド×物理的変化	なし
アンデッド×精神的変化	アンデッドを従属させる（Obey undead）
アンデッド×運動	なし
アンデッド×防御	アンデッドを近づけない（Protect from undead）

アンデッド×調査　アンデッドを検知する（Detect undead）

アンデッド×回復　アンデッドを回復させる（Cure undead）

アンデッド×召喚　アンデッドを召喚する（Conjure undead）

アンデッド×そのほか　なし

物×生成　水を作る（Create water）
たべものを作る（Create food）
素材を作る（Create fundamental）
そのほかの道具を作る（Create item）

物×破壊　物を消滅させる（Vanish）
穴を開ける（Make a hole）

物×物理的変化

形を変える（Change shape）
本質を変える（Polymorph）
きれいにする（Purify）
腐らせる（Decompose）
鎧を強くする（Reinforce）

物×運動

固定する（Fix）
手を触れずに動かす（Telekinesis）
浮かせる（Float）
テレポートさせる（Teleport）

物×防御

武器で傷つかない（Invulnerable）

物×調査

お金の捜査（Detect money）
宝石の捜査（Detect gem）
探し物（Locate item）
価値の検出（Identify value）

	使用方法の検出（Analyze item）
物×回復	修理（Repair）
物×召喚	遠くから呼ぶ（Aports）
物×そのほか	なし
エネルギー×生成	炎を発生させる（Fireball, Wall of fire, Fire bolt） 冷気を発生させる（Icestorm, Wall of ice, Cold bolt） 雷を発生させる（Lightning bolt） 大渦巻を発生させる（Maelstrom）
エネルギー×破壊	火を消す（Extinguish） 竜巻を消す（Stasis air） 海を凪にする（Calm）

エネルギー×物理的変化	なし
エネルギー×運動	エネルギーの移送（Move energy）
エネルギー×防御	炎の影響を受けない（Protect from fire）
	寒さの影響を受けない（Protect from cold）
	雷を受けない（Protect from lightning）
	バリア（Barrier）
エネルギー×調査	エネルギーのありかを探る（Detect energy）
	エネルギー量を探る（Measure energy）
エネルギー×回復	エネルギーの回復（Recover energy）
エネルギー×召喚	なし
エネルギー×そのほか	なし

環境×生成

灯（Light）
闇（Darkness）

環境×破壊

汚染（Contaminate）

環境×物理的変化

豊饒をもたらす（Fertility）
雨を降らせる（Rain）
晴れさせる（Fine weather）
暖かくする（Warm）
涼しくする（Cool）

環境×運動

地震（Earthquake）
門（Gate）

環境×防御

寒さに耐える（Protect from cold）
熱さに耐える（Protect from heat）

環境×調査	予言（Precognite）
	過去見（Postcognite）
	自然との対話（Communicate with nature）
環境×回復	土地の清め（Purify earth）
環境×召喚	なし
環境×そのほか	なし
魔法×生成	なし
魔法×破壊	魔法を解く（Dispel magic）
魔法×物理的変化	なし
魔法×運動	なし

魔法×防御　魔法からの防御バリア（Protect from magic）

魔法×調査　魔法の検出（Detect magic）
かかっている魔法の探知（Identify magic）

魔法×回復　魔力回復（Recover magic power）

魔法×召喚　なし

魔法×そのほか　魔法をかけさせない（Prevent magic）

幻×生成　感じるだけの幻（Image）
物理的力を持つ幻（Illusion）

幻×破壊　幻の破壊（Dismiss Illusion）

幻×物理的変化	なし
幻×運動	なし
幻×防御	幻覚からの防御（Protect from illusion）
幻×調査	幻の喝破（Detect Illusion）
幻×回復	なし
幻×召喚	なし
幻×そのほか	なし
そのほか×生成	使い魔作成（Create familiar）
そのほか×破壊	なし

そのほか×物理的変化	なし
そのほか×精神的変化	悪魔の従属（Binol demon）
そのほか×運動	なし
そのほか×防御	なし
そのほか×調査	言語理解（Communicate）
そのほか×回復	なし
そのほか×召喚	悪魔を呼び出す（Evoke demon） 神を降ろす（Invoke God）
そのほか×そのほか	運がいい（祝福）（Bless） 運が悪い（呪い）（Curse）

索引

参考文献

●呪術

金枝篇1~5／一九五一　岩波文庫　ジェイムズ・フレイザー著　永橋卓介訳

呪術／一九五七　文庫クセジュ　J・A・ロニー著　吉田禎吾訳

秘儀伝授／一九七六　文庫クセジュ　リュック・ブノワ著　有田忠郎訳

オカルト／一九八五　平河出版社　コリン・ウィルソン著　中村保男訳

占いと神託／一九八四　海鳴社　M・ローウェ、C・ブラッカー著　島田裕巳訳

改訳・神秘主義／一九七五　アンリ・セルーヤ著　深谷哲訳

神秘学講義／一九八〇　角川選書　高橋巌著

技術と思想の歴史／一九八四　創元社　伊達功著

ローマ人の国家と国家思想／一九七八　岩波書店　E・マイヤー著　鈴木一州訳

呪術的世界／一九八八　平凡社　E・デ・マルティーノ著　上村忠男訳

Magical Ritual Methods/1984　Samuel Weiser, Inc./William G.Gray

Religion and the Decline of Magic/1980　Peregrine Book/Keith Thomas

The Lost Language of Symbolism/1988　Citadel Press/Harold Bayley

The Ritual Magic Workbook/1986　The Aquarian Press/Dolores Ashcroft-Nowicki

●ドルイド

ガリア戦記／一九四二　岩波文庫　カエサル著　近山金次訳

ゲルマーニア／一九七九　岩波文庫　タキトゥス著　泉井久之助訳

中世騎士物語／一九四二　岩波文庫　ブルフィンチ著　野上弥生子訳

蛮族の侵入／一九七四　文庫クセジュ　ピエール・リシェ著　久野浩訳

ゲルマン、ケルトの神話／一九六〇　みすず書房　トンヌラ、ロート、ギラン著　清水茂訳

ケルトの神話／一九八三　筑摩書房　井村君江著

ケルト妖精物語／一九八六　筑摩文庫　W・B・イエイツ著　井村君江訳
ケルト人／河出書房新社　ゲルハルト・ヘルム著　関楠生訳
カラーイラスト 世界の生活史5 ガリアの民族／東京書籍　ルイ＝ルネ・ヌジエ著　福井芳男、木村尚三郎訳
PRACTICAL CELTIC MAGIC/1987 THE AQUARIAN PRESS/Murry Hope
WARRIOR OF ARTHUR/1987 Blandford Press/John Matthews & Bob Stewart

●ルーン
北欧神話／一九八四　東京書籍　菅原邦城著
古代北欧の宗教と神話／一九八八　人文書院　フォルケ・ストレム著　菅原邦城訳
ゲルマン北欧の英雄伝説（ヴォルスンガ・サガ）／一九七八　東海大学出版局　菅原邦城訳
エッダ―古代北欧歌謡集／一九七三　新潮社　V・G・ネッケル、H・クーン、A・ホルツマルク、J・ヘルガソン編集　谷口幸男訳
アイスランドサガ／一九七九　新潮社　谷口幸男訳
ルーネ文字研究序説／一九七一　広島大学文学部紀要第30巻特集号1　谷口幸男
ヴァイキングの世界／一九八二　東京書籍　ジャックリーヌ・シンプソン著　早野勝巳訳
アイスランドのサガ／二〇〇一　東海大学出版会　菅原邦城、早野勝巳、清水育男訳
EDDA TEXT/1983 CARL WINTER UNIVERSITATSVERLAG

●占星術
占星術／一九八八　文庫クセジュ　ポール・クーデール著　有田忠郎、菅原孝雄訳
占星術の誕生／一九八〇　東京新聞出版局オリエント選書　矢島文夫著
占星術の世界／一九八六　自由国民社　山内雅夫著
占星術の世界／一九八八　中公文庫　山内雅夫著
占星術指南／一九八四　中央公論社　山内雅夫著
占星学の見方／一九八八　東栄堂　ルル・ラブア著
世界の大秘術・講話／一九八五　自由国民社　大沼忠弘、山内雅夫、有田忠郎著

星の民族学／一九八八　講談社学術文庫　野尻抱影著

星の神話伝説集／一九八八　講談社学術文庫　野尻抱影著

星の神話伝説集／一九八七　教養文庫　草下英明著

ホロスコープ入門／一九七一　青春出版社　ルル・ラブア著

図説占星術辞典／一九八六　同学社　種村季弘監修

[実習]占星学入門／一九八八　平河出版社　石川源晃著

占星学教本／一九八八　JICC出版　流智明著

占星術―科学か迷信か／一九八七　誠信書房　H・J・アイゼンク、D・K・B・ナイアス著　岩脇三良、浅川潔司訳

月の魔力／一九八四　東京書籍　A・L・ディーバー著　藤原正彦、藤原美子訳

宝瓶宮福音書／一九八二　霞が関書房　リバイ・ドーリング著　栗原基訳

術／一九八七　青蛙房　綿谷雪著

古代オリエント集／一九八七　筑摩書房　杉勇、三笠宮崇仁編

世界不思議物語／一九八九　リーダーズダイジェスト

グノーシスと古代宇宙論／一九八七　勁草書房　柴田有著

古代の宇宙論／一九八六　海鳴社　C・ブラッカー、M・ローウェ編　矢島祐利、矢島文夫訳

ノストラダムス大予言原典・諸世紀／一九八八　たま出版　ミカエル・ノストラダムス、ヘンリー・C・ロバーツ編　大乗和子訳　内田秀男監修

宇宙の神秘／一九八二　工作社　ヨハネス・ケプラー著　大槻真一郎、岸本良彦訳

ケプラーの夢／一九八三　講談社学術文庫　ヨハネス・ケプラー著　渡辺正雄、榎本恵美子訳

天体の回転について／一九七四　岩波文庫　コペルニクス著　矢島祐利訳

赤毛のエリク記／一九七四　冬樹社　山室静訳

●カバラ

秘密の博物誌／一九八一　人文書院　マンリー・P・ホール著　大沼忠弘、山田耕士、吉村正和訳

カバラと薔薇十字団／一九八一　人文書院　マンリ

ー・P・ホール著　大沼忠弘、山田耕士、吉村正和訳
フリーメーソンの失われた鍵／一九八三　人文書院　マンリー・P・ホール著　吉村正和訳
薔薇十字の魔法／一九八六　青土社　種村季弘著
魔術師 事例と理論／一九八四　未来社　M・マーヴィク編　山本春樹、渡辺喜勝訳
黄金の夜明け／一九八三　国書刊行会　江口之隆、亀井勝行著
柘榴の園／一九八三　国書刊行会　イスラエル・リガルディー著　片山章久訳
秘法カバラ数秘術／一九八七　学習研究社　斉藤啓一著

●**錬金術**
錬金術／一九七二　文庫クセジュ　セルジュ・ユタン著　有田忠郎訳
錬金術／一九六三　中公新書　吉田光邦著
象徴哲学大系Ⅵ 錬金術／一九八八　人文書院　マンリー・P・ホール著　大沼忠弘、山田耕士、吉村正和訳
黒い錬金術／一九八六　白水社　種村季弘著
パラケルススの世界／一九八六　青土社　種村季弘著
奇跡の医書／一九八六　工作舎　パラケルスス著　大槻真一郎訳
パラケルススの生涯と思想／一九八八　思索社　大橋博司著

●**妖術**
黒魔術・白魔術／一九八七　学習研究社　長尾豊著
「魔術」は英語の家庭教師／一九八五　はまの出版　長尾豊著
魔術の歴史／一九八七　筑摩書房　J・Bラッセル著　野村美紀子訳
悪魔／一九八七　教文館　J・Bラッセル著　野村美紀子訳
サタン／一九八七　教文館　J・Bラッセル著　野村美紀子訳
黒魔術の手帳／一九八七　河出文庫　澁澤龍彦著
古代の密議／一九八七　人文書院　マンリー・P・ホール著　大沼忠弘、山田耕士、吉村正和訳

妖術／一九八七　文庫クセジュ　ジャン・パルー著　久野昭訳
歴史読本 世界驚異の占い・霊術・魔術／一九八五〜九　新人物往来社
魔女狩り／一九七〇　岩波新書　森島恒雄著
オカルト／一九八六　講談社現代新書　坂下昇著
悪魔王国の秘密／一九八六　立風書房　佐藤有文著
ソロモン王の魔法術／一九八二　立風書房　佐藤有文著
古代エジプトの魔術／一九八二　平河出版社　E・Aウォーリス・バッジ著　石上玄一郎、加藤富貴子訳
ヘルメス文書／一九八四　朝日出版社　荒井献、柴田有訳
ロシア昔話／一九八六　せりか書房　ウラジミール・プロップ著　斉藤君子訳
ソロモン大王の魔法箱／一九八八　学生社アトム［ジュニア］英文双書　パイル著　松本健太郎註解
ファウスト／一九八八　岩波文庫　ゲーテ著　相良守峯訳
ファウスト／一九八七　新潮文庫　ゲーテ著　高橋義孝訳
ファウスト博士（民衆本）／一九八八　国書刊行会　松浦純訳
悪魔の友ファウスト博士の真実／一九八七　中央公論社　ハンスヨルク・マウス著　金森誠也訳
魔術師ファウスト博士の転生／一九八八　東京書籍　長谷川つとむ著
古典劇集（フォータス博士の悲劇 他）／一九八五　筑摩世界文学大系18　平井正穂他訳
超能力野郎／一九八八　扶桑社　清田益章、日笠雅子編
The Encyclopedia of Witchcraft & Demonology/1959 Bonanza/Russell Hope Robbins
The Great Works of Jewish Fantasy and Occult/1986 Overlook Press/Compiled, Translated and Introduced by Joachim Neugroschell
Magician 1982/Paper Tiger by Geoffrey Carlyle
A Treasury of Witchcraft/1961 Philosopical

Library/Harry E.Wedeck
Ritual Magic/1979 Cambridge University Press/E.M.Butler
Dictionary of Demons/1988 Trafalgar Square/Fred Gettings
Picture Book of Devils, Demons and Witchcraft/1971 Dover/Ernst & Johanna Lehner
Dr.Faustus/1988 New Mermeids/Christpher Marlowe

●ヴードゥー
蛇と虹／一九八八 草思社 ウェイド・デイヴィス著 田中昌太郎訳
Voodoo Contra/1985 Sumuel Inc./Rovert Gover
Voodoo Fire In Haiti/1935 Jarrolds Publishers/Richard A.Loederer

●ヨーガ
インドの哲学／一九六四 文庫クセジュ ジャン・ブリエ・フレッシネ著 渡辺重朗訳
インド教／一九六〇 文庫クセジュ ルイ・ルヌー著 渡辺照宏、美田稔訳
ヨーガ／一九七六 文庫クセジュ ポール・マッソン＝ウルセル著 渡辺重朗訳
チャクラ／一九八八 平河出版社 C・W・リードビーター著
解説ヨーガ・スートラ／一九八〇 平河出版社 佐保田鶴治著

●神仙道
中国の古典シリーズ４ 抱朴子列仙伝・神仙伝 山海経／一九七八 平凡社 本田済、沢田瑞穂、高馬三良訳
東洋文庫３２９ 道教／一九七八 平凡社 アンリ・マスペロ 川勝義雄訳
道教１ 道教とは何か／一九八三 平河出版社 福井康順、山崎宏、木村英一、酒井忠夫監修
道教２ 道教の展開／一九八三 平河出版社 福井康順、山崎宏、木村英一、酒井忠夫監修
道教の神々／一九八六 平河出版社 窪徳忠著
中国の呪法／一九八四 平河出版社 沢田瑞穂著
ＮＨＫブックス４０９ 科学史から見た中国文明／

一九八二　日本放送協会　藪内清著

抱朴子／一九六九　世界書局　(晋）葛洪　(清）孫星衍校正

列仙全伝（影印本）／一九七七　偉文図書出版社有限公司　(明）李攀龍著

山海経校注／一九八〇　上海古籍出版社　袁珂校注

道蔵精華第六集　雲笈七籤（影印本）／一九七四　自由出版社　(宋）張君房著

太平広記（点校本）／一九六一　中華書局

後漢書（点校本）／中華書局　(劉宋）范曄著

三国志（点校本）／中華書局　(晋）陳寿著

中国古典文学体系36 平妖伝／一九六七　平凡社　(明）馮夢竜著　太田辰夫訳

道教大辞典／一九七九　巨流図書公司　李叔還編

●修験道

修験道入門／一九八四　角川書店　五来重著

呪術宗教の世界／一九八七　塙書房塙新書　速水侑著

呪術・祈禱と現世利益／一九八三　大法輪選書　大法輪閣

日本のオカルティズム・妖異風俗・講座日本風俗史／一九八八　雄山閣

日本の呪い／一九八八　光文社・カッパサイエンス　小松和彦著

梵字悉曇／一九八八　平河出版社　田久保周譽著

密教呪術入門／一九八八　祥伝社　中岡俊哉著

修験道／一九八八　教育社歴史新書　宮家準著

曼荼羅イコノロジー／一九八七　平河出版社　田中公明著

真言陀羅尼／一九八八　平河出版社　坂内龍雄著

日本陰陽道史話／一九八八　大阪書籍　村山修一著

日本霊異記／一九八六　講談社学術文庫　中田祝夫訳註

天狗の研究／一九七五　大陸書房　知切光歳著

鬼の研究／一九七八　大陸書房　知切光歳著

易のはなし／一九八八　岩波新書　高田淳著

●総覧・事典

エピソード魔法の歴史・黒魔術と白魔術／一九八六　現代教養文庫　ゲリー・ジェニングス著　市場泰男訳

Encyclopedia of the occult/1986 Rider & Co.Ltd. Fred Gettings

秘密結社の手帖／一九八四 河出書房新社 澁澤龍彦著
妖術師・秘術師・錬金術師の博物館／一九八六 法政大学出版局 グイヨ・ド・ジヴリ著 林瑞枝訳
別冊文芸・神秘学カタログ／一九八七 河出書房新社 荒俣宏、鎌田東二著
シンボル事典／一九八八 北星堂書店 水之江有一著
民間信仰辞典／一九八〇 東京堂出版 桜井徳太郎著
日本宗教事典／一九八八 講談社学術文庫 村上重良著
魔術の歴史／一九八七 筑摩書房 J・B・ラッセル著 野村美紀子訳
神秘オカルト小辞典／一九三三 たま出版 B・W・マーチン著
聖書／一九八五 日本聖書協会
アポクリファー旧約聖書外典ー／一九八六 聖公会出版
聖書辞典／一九七八 いのちのことば社

あとがき

読んでいて、すぐ気づかれたと思いますが、この本は、「魔法は存在する、そして、魔術師は本当にいた」という視点で書かれています。というのは、「魔法など存在しない。昔の人は愚かにも信じていたが、今やこんなものを信じる者などいない」として書いた解説は、読んでいて白けるばかりで、さっぱり雰囲気が出ないからです。

しかし、その点を除けば、この本に書いてある内容は殆どすべてが事実です。このような魔法を信じて、さまざまな儀式や実験を行った人たちは、本当にいたのです。いや、今でも占い産業が、空前の好況であるところを見ると、今でもたくさんいるのです。

あなたは、この本をどのように使いますか。いろんな幻想文学を理解するための背景知識として使ってもいいし、新たに自分で作るストーリーの参考資料代りに使うのもよいでしょう。どんな使い方でも、この本があなたの役に立てれば幸いです。

最後に、この本の執筆を手伝っていただいた多くの方に感謝の言葉を述べさせていただきます。健部伸明氏には最後の土壇場になって色々迷惑をかけてしまいました。また、激励してくれたＲＰＧクラブ「ギルドマスター」の方々。皆さんに感謝の言葉を贈りたいと思います。

山北篤

この作品は、一九八九年三月に単行本として新紀元社より刊行されました。

文庫版あとがき

この本を書いたのは、もう二十年以上も前になります。当時の私たちが、その能力と情熱の全てを費やして書いた本です。

といっても、さすがに自分が何を書いたのか忘れていて、知らない本を読んでいるかのように楽しめました。

今、私がこの本を書いたなら、もっと客観的な視点で書くに違いありません。実際、そのような本も書いています。

読んでみると、二十代の私たちには、そのようなものは書けなかったことが分かります。その代わり、魔法に対する愛情と、魔法はきっとあるんだという思いだけは、たっぷり込められています。

その熱い気持ちは、再現しようとしても再現できないものです。

幸いにしてこのような本は、内容が古くなることも無く、文庫化していただくことになりました。

読者のみなさんが、この本を読んで魔法に興味を持ち、魔法というものを好きになってくれれば、うれしいのですが。

山北篤

Truth In Fantasy
魔術師の饗宴

2011年9月7日　初版発行

著者　山北篤と怪兵隊
編集　新紀元社編集部／堀良江

発行者　藤原健二
発行所　株式会社新紀元社
〒101-0054
東京都千代田区神田錦町3-19　楠本第3ビル4F
TEL：03-3291-0961　FAX：03-3291-0963
http://www.shinkigensha.co.jp/
郵便振替　00110-4-27618

カバーイラスト　丹野忍
本文イラスト　森コギト
デザイン・DTP　株式会社明昌堂
印刷・製本　大日本印刷株式会社

ISBN978-4-7753-0943-8